PROCÈS
DE LA SOCIÉTÉ
DITE
LES AMIS
DE LA LIBERTÉ DE LA PRESSE.

Imprimerie de P.-F. DUPONT, Hôtel des Fermes.

PROCÈS DE LA SOCIÉTÉ

DITE

LES AMIS

DE LA LIBERTÉ DE LA PRESSE.

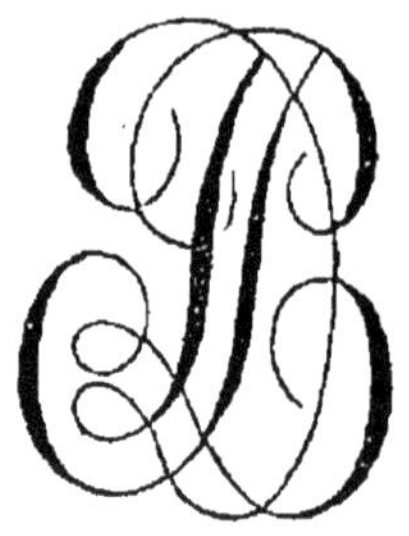

PARIS,

A LA LIBRAIRIE CONSTITUTIONNELLE

DE BRISSOT-THIVARS,

rue Neuve-des-Petits-Champs, n° 22.

1820.

TRIBUNAL

DE POLICE CORRECTIONNELLE

DU DÉPARTEMENT DE LA SEINE.

Affaire de la Société des Amis de la liberté de la Presse.

Audience du samedi, 11 décembre 1819.

M. d'Haranguier de Quincerot, Président.

M. Bourguignon fils, avocat du Roi.

MM. Gévaudan et le colonel Simon-Lorière sont prévenus d'avoir reçu chez eux une association illicite connue sous la dénomination de *société des amis de la liberté de la presse*. Ils sont présens à l'audience assistés de MM. Dupin aîné, Mérilhou, et Berville leurs défenseurs.

Le président ordonne la lecture de l'ordonnance de la chambre du conseil qui renvoie MM. Gévaudan et Simon devant le tribunal correctionnel, comme prévenus du délit puni par les art. 291, 292, 294, du Code pénal.

Les témoins tant à charge qu'à décharge, au nombre de plus de quatre-vingts, sont invités par le président à se retirer dans la chambre du conseil.

M. Mérilhou obtient la parole et fait observer qu'il a été cité pour déposer comme témoin dans le procès, mais que se trouvant appelé par la confiance des prévenus à leur prêter le secours de son ministère, il se trouve dans l'impossibilité de donner une déposition légale; il demande en conséquence que son nom soit rayé de la liste des témoins.

M. Berville fait la même observation.

Le tribunal délibère, et, sur le consentement du ministère public, ordonne que les noms de MM. Mérilhou et Berville seront rayés de la liste des témoins à cause de leur qualité de défenseurs des prévenus.

M. le baron Méchin, membre de la chambre des députés, est appelé comme premier témoins à charge.

M. *le Président :* Vous avez entendu la lecture de 'ordonnance de la chambre du conseil, expliquez-vous sur les faits qu'elle contient.

M. *le baron Méchin :* J'ai entendu les motifs qu i ont fait mettre en prévention mes deux honorables amis. J'ai eu l'honneur de me trouver plusieurs fois réuni chez eux, avec un nombre plus ou moins grand d'amis ou de simples connaissances : mais j'ignore l'existence d'aucune association, qui se serait organisée sous le nom de *société des amis de la liberté de la presse,* ou sous tout autre équivalent. Ce qui constitue une association, ce sont des sermens, des statuts, des réglemens, des diplômes, la fixité des jours de réunion; etc. Or rien de tout cela n'a existé parmi nous. Il y a à peu près deux ans que les malheurs de la patrie resserrèrent les liens qui unissaient déjà la plupart d'entre nous. Nous résolûmes de nous voir pour causer sur la triste position des affaires publiques, et alléger autant qu'il était en nous le sort des victimes de cette époque. Je n'ai vu chez M. Gévaudan que des hommes, qui tous dans des postes plus ou moins élevés, ont servi leur pays avec la plus grande distinction, et dont quelques-uns se sont immortalisés sur les champs de bataille.

M. *le Président :* De quoi s'entretenait-on dans ces réunions ?

M. *le baron Méchin :* De politique, de littérature, de nouvelles ; on s'occupait d'actes de bienfaisance, et la soirée se terminait d'ordinaire en buvant du punch, en mangeant des biscuits et des brioches ; ce qui n'est pas défendu par le Code pénal....... (On rit.) Une des premières réunions s'est tenue chez moi; d'autres chez M. le duc de Broglie, chez M. le baron de Stael.

Administrateur depuis vingt-cinq ans, poursuit le témoin, je ne pouvais ignorer les dispositions de l'article 291 : je les connaissais très-bien, et j'avais la conviction que nous ne faisions rien qui lui fût contraire. Ayant été fort avant dans les affaires publiques, je sais que l'article 291 ne fut intercalé dans la loi que pour disperser les associations religieuses connues sous le nom de *petite église ;* ces associations contraires aux lois subsistent encore aujourd'hui.....

M. *le Président :* Tout cela est inutile : vous êtes témoin et non pas inculpé, vous n'avez pas à vous défendre.

M. *Méchin :* Je ne me défends, pas mais je dis ce que je sais : je ne puis me dispenser de faire connaître une anecdote : il avait été arrêté (et les procès-verbaux du Conseil d'état en font foi) que les mots *littéraire , politique ou autres* seraient retranchés de l'article 291. Cette résolution avait été le résultat d'une discussion très-approfondie. Une faute de copiste a laissé subsister les mots qui devaient disparaître. En résumé, je ne puis croire que dans l'esprit de la loi nos honorables amis soient coupables. Autrement toute société composée de vingt personnes est interdite. D'ailleurs pendant deux ans des fonctionnaires publics , des personnages importans ont assisté à nos réunions ; la police n'en ignorait pas l'existence. Comment supposer que depuis cet intervalle....

M. *le Président :* On ne peut être témoin et défenseur tout à la fois : vous plaidez.

M. *l'avocat du Roi :* Le tribunal vient de décider, il n'y qu'un instant à l'égard de M. Mérilhou, et de M. Berville, que l'on ne peut être à la fois défenseur et témoin.

M. *Mérilhou.* Le témoin a juré de dire *toute la vérité*, c'est-à-dire tout ce qu'il sait de relatif au procès actuel. Les faits dont il dépose, et l'opinion qu'il énonce ne sont certes pas étrangers à la qualification du fait dont il s'agit. Je crois qu'il est dans l'intérêt de la justice et dans le besoin de la défense, que la déposition continue : tant qu'on ne lui adressera pas des questions précises, le témoin ne peut que raconter les faits que sa mémoire lui fournit.

M. *le Président* : Pour quel objet vous réunissiez-vous ?

M. *Méchin* : Pour causer des malheurs de la patrie, et des moyens de la relever honorablement aux yeux de l'Europe.

M. *le Président* : De combien de personnes se composait la société ?

M. *Méchin* : Environ de soixante.

M. *le Président* : Chez qui se tenaient ces réunions ?

M. *Méchin* : Elles ont eu lieu chez M. Gévaudan, chez M. le colonel Simon-Lorière, chez M. le duc de Broglie, chez M. Gilbert de Voisins ; chez quarante autres citoyens recommandables : et je ne vois pas pourquoi on a accordé à deux d'entre nous le privilége de la poursuite actuelle. Moi-même j'ai eu l'honneur de recevoir la réunion plus d'une fois.

M. *le Président* : Quelqu'un était-il chargé de présider la séance ?

M. *Méchin* : Personne.

M. *le Président* : Si le mot de président vous déplaît, n'y avait-il pas une personne chargée de diriger la société.

M. *Méchin* : Quand soixante personnes sont réunies, il faut bien que l'une d'entr'elles soit chargée de régulariser la conversation.

M. *le Président* : Quel était le mode de réception ?

M. *Méchin* : Il n'y avait pas de réception proprement dite : les nouveaux venus étaient ordinairement présentés par une ou deux personnes déjà admises.

M. *le Président* : Ne prenait-on pas des renseignemens sur le candidat ainsi proposé avant de l'admettre.

M. *Méchin* : Il suffisait que la personne fût présentée par un ou deux de nos amis : cette recherche de renseignemens serait une chose injurieuse et déplacée entre gens honnêtes.

M. *le Président* : Ne s'est-on pas occupé à une époque quelconque du choix d'un local pour la réunion.

M. *Méchin* : Oui, cela est vrai.

M. *le Président* : Comment les loyers auraient-ils été acquittés?

M. *Méchin* : Par contribution entre tous. Mais, dans ce cas, il est clair que l'état des choses eût changé. La société prenant une existence fixe et permanente, on aurait dû se pourvoir de l'autorisation de la police. On l'aurait réclamée.

On introduit M. *de Voyer d'Argenson*, membre de la chambre des députés. Après qu'il a prêté serment, le Président l'interpelle de déclarer les faits qui sont à sa connaissance au sujet de la prévention.

M. *d'Argenson* : Je déclare que je suis allé plusieurs fois chez M. Gévaudan : j'y ai rencontré plusieurs personnes de mérite fort attachées à toutes les libertés constitutionnelles, et notamment à la liberté de la presse.

M. *le Président* : Cette société prenait-elle le nom de *société des amis de la liberté de la presse?*

M. *d'Argenson* : Je ne sache pas.

M. *le Président* : Combien s'y trouvait-il de personnes?

M. *d'Argenson*: *Peu ou beaucoup.*

M. *le Président*: Y en avait-il quinze, cinquante?

M. *d'Argenson* : Je ne sais.

M. *le Président*: Par qui était-elle présidée?

M. *d'Argenson* : le mot *présider* ne me paraît pas convenable. Celui qui recevait faisait les honneurs de sa maison, ou déléguait ce soin à quelqu'autre : mais personne n'était chargé de présider.

M. *le Président* : Comment était-on admis?

M. *d'Argenson* : Sur présentation.

M. *le Président* : Le candidat était-il présenté au maître de la maison seulement?

M. *d'Argenson.* Oui, au maître de la maison; mais celui-ci ne voulant recevoir personne sans l'agrément de ses amis, les consultait sur cette admission.

M. *le Président* : Êtes-vous allé souvent dans ces réunions?

M. *d'Argenson* : Pas aussi souvent que je l'aurais voulu; mais si j'avais cru que ma présence fût nécessaire pour entretenir le zèle de cette réunion constitutionnelle, je m'y serais rendu tous les jours.

M. *le Président* : Comment se faisaient les convocations?

M. *d'Argenson* : Par des invitations verbales, et plus souvent par des lettres du maître de la maison.

M. *le Président*: Chez qui se sont tenues ces réunions.

M. *d'Argenson* : Chez M. Gévaudan; chez moi;

chez plusieurs autres. J'ignore si elles ont eu lieu chez M. le colonel Simon.

M. *l'Avocat du Roi* : Savait-on en entrant dans la société, la question qu'on devait y traiter.

M. *d'Argenson* : Cette question là tient à nos franchises constitutionnelles : le droit de pétition, de discussion et d'examen étant inhérent à notre système politique, il a dû arriver plus d'une fois que des objets d'intérêt public aient été débattus dans ces réunions; et ceux que les circonstances désignaient à l'attention générale se trouvant connus d'avance, il n'est pas étonnant qu'on se soit souvent réuni avec le désir de s'occuper d'une manière plus spéciale, de telle ou telle question.

M. *l'avocat du Roi* : N'était-il pas d'usage que le président désignât une commission pour faire un rapport sur les matières dont la société devait ultérieurement s'occuper.

M. *d'Argenson* : J'avouerai que nos réunions avaient peut-être quelques-unes des formes d'une société régulièrement organisée. Ceci tient à l'usage de la liberté constitutionnelle. Il a pu arriver en conséquence que tel ou tel objet de discussion ait été préparé d'avance par des personnes que leurs études avaient pu familiariser davantage avec les connaissances qui s'y rattachaient. Mais les mots de rapport, de président, de commission ont quelque chose d'officiel qui me paraît convenir assez peu aux formes et aux occupations de notre société.

M. *l'avocat du Roi* : Les divers caractères des réunions dont parle le Code pénal, se sont-ils rencontrés dans celles qui avaient lieu chez MM. Simon et Gévaudan.

M. *d'Argenson* : Je ne puis parler que de ce qui s'est passé chez moi.

M. *Mérilhou* : Puisque le ministère public interpelle l'honorable député, sur l'opinion qu'il se formait de la légalité de la réunion dont il s'agit, à mon tour, je prierai M. d'Argenson de nous dire quelle est l'opinion qu'il avait de l'existence de la disposition législative qui interdit les réunions des citoyens.

M. *le Président* : Il ne s'agit pas de l'opinion du témoin : il s'agit des faits qui constituent le procès.

M. *Mérilhou* : Il s'agit aussi de l'opinion du témoin : cette opinion même est un fait, et lorsque le ministère public interroge cette opinion sur la conformité d'une action avec l'article 291 ; j'ai droit sans doute d'interroger aussi cette opinion sur la conformité de l'article 291 avec la Charte constitutionnelle.

M. *d'Argenson* : La Charte conserve les lois antérieures qui ne sont pas contraires à ses dispositions ; l'article 291 prohibe les réunions composées de plus de vingt personnes ; la Charte consacre le droit de pétition sans limiter le nombre de pétitionnaires ; elle organise le gouvernement représentatif ; elle constitue des moyens permanens et réguliers, de manifester l'opinion publique : le droit de s'assembler est de l'essence du système représentatif : donc les lois antérieures qui avaient pour but de détruire la véritable représentation nationale, le droit de pétition, et le droit de s'assembler, sont abrogées pour cause d'incompatibilité. Les lois qui ont fondé le despotisme militaire ne peuvent devenir les réglemens organiques de la monarchie constitutionnelle.

On appelle le général Berton, quatrième témoin à charge.

M. *le Président* : Ne faisiez-vous pas partie d'une réunion connue sous le nom de *Société des amis de la liberté de la presse.*

Le général Berton : Cette société n'avait pas de dénomination.

M. *le Président* : Combien étiez-vous ?

Le général Berton : Souvent peu, souvent beaucoup.

M. *le Président* : De quels objets s'occupait la société ?

Le général Berton De toute sorte d'objets : de la liberté de la presse ; de l'organisation municipale ; du jury ; d'actes de bienfaisance...... une fois même il fut question de l'oraison funèbre de sir Samuel Romilly.

M. *l'Avocat du Roi* : N'a-t-on pas examiné les opérations du congrès de Carlsbad.

Le général Berton : Ce jour-là, je n'assistais pas à la réunion ; mais j'ai cru devoir faire connaître par la voie d'un journal ce que je pensais à cet égard. J'ai déclaré qu'il me paraissait inutile de s'occuper des actes de cette assemblée, parce qu'il était impossible de supposer qu'il y eût des hommes assez insensés pour vouloir appliquer de semblables mesures dans le sein d'un pays libre ; car la Charte est là pour protéger nos libertés, de quelque part que viennent les attaques : et l'armée ne manquera jamais à l'appel quand il s'agira de défendre l'indépendance nationale.

M. *l'Avocat du Roi* : Au commencement de la séance, un membre ne donnait-il pas lecture du procès-verbal de la séance de la veille.

Le général Berton : Non, on nous donnait les renseignemens qu'on avait pu se procurer sur les objets qu'on avait à traiter.

M. *l'Avocat du Roi* : On nommait des rapporteurs pour préparer les discussions.

M. *le général Berton* : On ne nommait pas de rapporteurs ; seulement, celui d'entre nous qui était le plus au fait de la question nous faisait part de ses réflexions individuelles. S'il s'agissait par exemple d'un objet de législation , il était tout simple de prier MM. les avocats de nous donner des éclaircissemens. Ainsi quand on a dû s'occuper de la liberté de la presse, ou des améliorations du jury, M. le duc de Broglie, qui avait étudié ces matières, M. Girod de l'Ain, ancien magistrat, MM. les avocats Mérilhou, Mauguin, Rey, Barrot, Comte et Dunoyer, devaient naturellement donner quelques idées utiles.

M. *le Président* : Il paraît que ce n'était pas toujours le maître de la maison qui présidait.

Le général Berton : Non, il se faisait quelquefois remplacer.

M. *le président* : En quoi consistaient les fonctions du maître de la maison.

Le général Berton : A empêcher tout le monde de parler à la fois.

M. *le Président* : Où se tenaient les réunions?

Le général Berton: Chez deux cents personnes; si j'avais eu de la place, j'aurais reçu chez moi.

M. *Dupin*: Je conçois que M. le Président recherchant la preuve qu'il a existé une association, fasse aux témoins des questions générales sur le mode d'existence de cette prétendue association; mais comme on ne fait pas le procès à tous les individus qui ont reçu chez eux les témoins dont s'agit, et qu'on ne le fait par prédilection qu'à MM. Gévaudan et Simon, il faut bien en venir à préciser quelque chose à leur égard. Ainsi je sais bien que, suivant la déposition d'un témoin dans l'instruction, M. le duc de Broglie a reçu chez lui un certain nombre d'amis, que lui et M. de Stael ont fait tomber la conversation sur la presse et le jury, ajoutant que c'était d'après l'aveu du gouvernement; mais il faudrait savoir si rien de semblable s'est passé chez MM. Gévaudan et Simon, et non pas chez M. de Broglie et autres qui ne sont pas poursuivis.....

M. *le Président* : Il n'est pas ici question du duc de Broglie.

M. *Dupin* : Je le sais bien : et c'est à cause de cela que je désire qu'on précise un peu plus les questions, et qu'on les restreigne à ce qui est de la cause, à ce qui concerne les prévenus.

Après quelques constestations, le Président finit par se rendre au vœu de M. Dupin.

M. *Cadet de Gassicourt*, 5e témoin à charge, est appelé.

M. *le Président* : Avez-vous assisté à la réunion de la *société des amis de la liberté de la presse.*

M. *de Gassicourt* : Je ne connais pas de société politique appelée la société des amis de la liberté de la presse. Je prie M. le Président pour abréger les débats de faire donner lecture de mes dépositions écrites.

M. *le Président* : Comment était-on admis dans ces réunions?

M. *de Gassicourt :* On y entrait comme on entre dans un salon.

M. *le Président* : Qui présidait la réunion ?

M. *de Gassicourt* : On a induit la justice en erreur quand on lui a dit que nos réunions étaient *présidées*. Ce mot de président suppose une organisation que nous n'avons jamais eue, et une autorité dont personne n'a jamais eu l'idée. Il n'y avait pas plus de *président* parmi nous, qu'il n'y a de *roi légitime* dans les banquets qu'on donne pour célébrer l'Épiphanie. Nos réunions, encore une fois, n'étaient point organisées, et nous n'avions ni forme académique ni forme délibérante.

M. *le Président* : Comment les membres connaissaient-ils les jours de réunion ?

M. *de Gassicourt.* On se rencontrait, on s'invitait, quelquefois on écrivait.

M. *Mérithou* : Est-il à la connaissance du témoin qu'il y ait eu des réglemens, des statuts, des engagemens exigés des récipiendaires, une caisse commune, un projet quelconque à l'accomplissement duquel on se serait promis de coopérer ; enfin qu'il y ait eu quelque chose qui constituât une association ?

M. *de Gassicourt* : Je n'ai rien connu de tout cela : j'ai présenté à la réunion des Grecs et d'autres étrangers : jamais on ne leur a rien demandé.

M. *Mérilhou* : Dans votre opinion, la société a-t-elle été maîtresse dans les maisons où elle était reçue?

M. *de Gassicourt* : Le maître de la maison était toujours le maître chez lui.

M. *Mérilhou* : Le maître de la maisonaurait donc pu recevoir d'autres personnes que les membres de la société, et ne pas les recevoir tous?

M. *de Gassicourt*. C'est ainsi que tout le monde l'a toujours pensé.

M. Léon Thiessé (auteur des Lettres Normandes) est appelé comme sixième témoin à charge.

M. *le Président* : Faites-vous partie d'une société connue sous le nom *de société des amis de la liberté de la presse*?

M. *Léon Thiessé*. Elle n'avait pas ce nom, bien que quelques personnes le lui donnassent.

M. *le Président* : De quoi s'occupait-on?

M. *Léon Thiessé* : De tous les objets de conversation.

M. *le Président* : A qui présentait-on le candidat?

M. *Léon Thiessé* : Au maître de la maison et à toute la société.

M. *le Président* : Ne s'est-on pas occupé de chercher un local ?

M. *Léon Thiessé* : Je ne sais pas : je crois qu'on en a parlé.

M. *le Président* : Dans un article de journal, vous avez parlé d'une commission des amis de la liberté de la presse. Vous saviez donc qu'il existait une société, et que cette société nommait des commissions?

M. *Léon Thiessé* : J'ai employé ce mot parce qu'il m'a paru convenir.

M. *le Président* : Vous qui vous qualifiez dans cet article, membre de la société des amis de la liberté de la presse, il n'est pas vraisemblable que vous ayez donné à vos amis un titre que vous n'auriez pas su avoir été adopté par eux.

M. *Mérilhou* : Mon devoir m'oblige d'énoncer un fait qui répond d'avance à l'observation de M. le président. Le journal de Paris, consacré à propager les vues et les nouvelles de la police, et à proclamer officiellement la sagesse du ministre régnant, a le premier dans sa feuille du 27 mai 1819, employé le titre de *société des amis de la liberté de la presse*. En appliquant ce titre de sa création à des réunions légitimes, le rédacteur obéissait sans doute à des ordres supérieurs. L'écrit de M. Thiessé, et les feuilles indépendantes qui ont répété cette qualification, pour répondre au journal de Paris, devaient user de son langage. Il est étrange qu'on veuille considérer comme une charge contre les prévenus, la fantaisie non gratuite de l'auteur anonyme des articles du journal de Paris. Le ministère a créé cette dénomination ; on a pu s'en servir après lui ; mais je défie qu'on rapporte la preuve que la réunion dont il s'agit ait jamais adopté un titre quelconque.

M. *Léon Thiessé* : L'observation de M. Mérilhou est exacte : c'est le journal du ministère qui a créé et accrédité la dénomination de société des amis de la liberté de la presse.

M. *Mérilhou* : C'était un moyen d'attaque préparé sans doute de longue main. Je prie le témoin de nous dire si les réunions ont eu quelque périodicité, quelque régularité.

M. *Léon Thiessé* : Jamais ; les jours de réunion n'étaient pas fixés.

M. le lieutenant général Tarayre, membre de la chambre des députés, est appelé comme septième témoin à charge.

M. *le Président* : Faisiez-vous partie d'une société qui se réunissait chez MM. Gévaudan et Simon.

Le général Tarayre : Vos pouvoirs ne vont pas si loin. Si vous m'interrogez sur un crime ou sur un délit, je répondrai : sur des actions privées, je dois me taire. Me prêter à des questions de ce genre serait favoriser un principe subversif de toute sécurité sociale... Vous êtes juges des délits et non des actions innocentes : si cela était, vous auriez donc le droit de scruter toutes les consciences. Cela est incompatible avec une société civilisée.

M. *le Président* : Est-ce vous qui êtes juge ?

Le général Tarayre : Je suis juge de mon honneur, et vous n'avez pas le droit de m'imposer la nécessité de trahir l'amitié, et de dénoncer la confiance. Qu'on m'interroge sur quelque chose qui ait rapport à la justice, ou je refuse de répondre.

M. *Dupin* : Au lieu de fatiguer la conscience du témoin par des questions vagues et complexes, on pourrait se renfermer dans le texte même de l'article 291.

M. *le Président* : Avez-vous fait partie d'une association qui se serait réunie chez MM. Simon et Gévaudan ?

Le général Tarayre : J'ai été invité par le maître de la maison.

M. *le Président* : De quels objets s'occupait la société ?

Le général Tarayre : Je ne suis pas espion chez mes amis.

M. *de Perret*, septième témoin à charge, présente à peu près la même résistance que le général Tarayre.

M. *de Perret* : Lorsque j'ai été appelé, j'ai examiné si je devais, ou si je ne devais pas répondre.

M. *le Président* : Voulez-vous, ou ne voulez-vous pas répondre ?

M. *de Perret* : Ma conscience me défend de répondre à toute question étrangère à ce que j'ai dit au juge d'instruction. J'ai déclaré que les poursuites dirigées contre MM. Gévaudan et Simon étaient une atteinte à la vie privée.

M. *le Président* : Avez-vous fait partie d'une réunion : si ce mot vous choque, prenez-en un autre : quel était le mode de présentation ?

M. *de Perret* : Permettez-moi de vous présenter telle personne...

M. *le Président* : Cette présentation se faisait-elle toujours de la même manière?

M. *de Perret* : Je suis trop vieux pour jouer le rôle d'un indiscret, et j'ai trop d'honneur pour être un délateur. Je me tais.

M. *l'Avocat du Roi* : Votre refus de répondre serait la satire de tous les autres témoins, qui jusqu'ici ont ouvertement déclaré ce qui était à leur connaissance.

M. *de Perret* : Je ne prétends faire la satire de personne : mais je dois agir suivant ce que me prescrivent mon honneur et mes faibles lumières.

M. *Combe-Sieyes*, ancien préfet, huitième témoin à charge est appelé. Il déclare qu'il ne connaît ni réunion, ni association des amis de la liberté de la presse, mais qu'il s'est plusieurs fois réuni avec ses amis.

M. *le Président* : De quoi s'occupait-on dans ces sociétés?

M. *Sieyes* : Je ne dois pas rendre compte de ce qui se passe chez mes amis.

M. *Mocquart*, avocat, dixième témoin.

M. *le Président* : Faites-vous partie de la société des amis de la liberté de la presse.

M. *Mocquart* : Je ne connais pas de *société des amis de la liberté de la presse* : ce titre-là est tout-à-fait nouveau pour moi. J'ai pu dans différens cercles rencontrer plusieurs fois successivement les mêmes personnes ; mais je n'ai jamais su qu'il y ait eu association organisée et constituée, ni une dénomination quelconque adoptée.

M. *le Président* : Cependant M. Thiessé est convenu que la société était organisée, et qu'elle prenait le nom de *société des amis de la presse ?*

M. *Mérithou* : M. Thiessé n'est pas du tout convenu de cela : il a déclaré tout le contraire ; et il est établi au procès que le titre en question est de la façon du Journal de Paris, qui n'a rien de commun avec M. Thiessé, et qui, quoique officiel, ne fait sans doute pas preuve légale.

M. *Mocquart* : Je ne sais ce qu'a dit M. Thiessé : ses paroles et les miennes n'ont rien de solidaire. Je persiste dans ma réponse.

M. *le Président* : Comment avez-vous été admis ?

M. *Mocquart* : Sur ma demande.

M. *le Président* : De quoi parlait-on dans ces réunions ?

M. *Mocquart*, Des nouvelles du jour : quelquefois on traitait des questions politiques. Lorsqu'il s'est agi de la loi sur la liberté de la presse, M. de Broglie a soumis à notre discussion le projet de cette loi, en nous donnant à entendre qu'il en tenait la communication du Gouvernement, et qu'on serait bien aise d'avoir l'avis de la réunion.

M. le President : Se réunissait-on à des jours fixés.

M. *Mocquart* : Non, quand nous étions réunis, on se disait : il serait possible que d'ici à quelques jours le ministère se portât à des mesures violentes ; alors on se rassemblait pour se communiquer ses idées : besoin impérieux qu'on éprouve souvent dans des circonstances semblables à celles où nous nous trouvons.

M. *l'Avocat du roi* : N'a-t-on pas dans ces réunions, résolu des pétitions collectives qu'on présentait ensuite à la signature?

M. *Mocquart* : On demandait à chacun son avis sur tel ou tel abus, et on l'émettait avec franchise. Par exemple on m'a demandé ce que je pensais des Suisses, et j'ai dit que je les trouverais mieux en Suisse qu'à Paris.

M. *Poubel*, Onzième témoin à charge, dépose dans le même sens que tous ceux qui l'ont précédé.

M. *Marchand*, l'un des rédacteurs du Censeur, douzième témoin à charge, est appelé.

M. *le Président* : Faites-vous partie *des amis de la liberté de la presse.*

M. *Marchand* : Oui je suis fort ami de la liberté de la presse.

M. *le Président* : Quel était le but de cette association?

M. *Marchand* : Je ne sais de quelle association vous voulez parler.

Le reste de la déposition est conforme aux précédentes.

La liste des témoins à charge étant épuisée, le tribunal suspend l'audience pendant quelques minutes; on procède ensuite à l'audition des témoins à décharge.

M. *Jay*, avocat, homme de lettres, et l'un des rédacteurs de la Minerve, dépose que les réunions n'avaient aucun caractère qui pût constituer une association ; on s'y occupait de la Charte, et du maintien de la Charte. J'ai eu l'honneur d'être plusieurs fois invité chez les prévenus, dont le caractère honorable mérite l'estime des gens de bien : mais il n'y avait ni statuts ni réglemens, ni registres, ni diplômes : la réunion se formait sur des invitations le plus souvent imprévues et presque toujours spontanées. Je n'ai rien vu ni entendu qui ne fût conforme aux lois, à la Charte, et aux sentimens qui doivent animer tout bon citoyen.

M. *Evariste Dumoulin*, l'un des auteurs de la Minerve : Invité à passer la soirée chez M. Gévaudan, je me suis fait un plaisir de m'y rendre. On parlait de tout dans ces réunions, et comme je ne suis pas un agent de police, je ne me souviens de rien.

M. *le Président* : Allez vous asseoir.

M. *Dupin* : S'il s'agissait de témoins à charge et qu'on leur dise d'aller s'asseoir sans les interroger, quoique nous n'ayons rien à craindre de leurs dépositions, nous ne formerions du moins aucun obstacle à ce qu'on ne leur fît aucune question. Mais il s'agit de témoins à décharge; et de même que lorsqu'il s'agissait de rechercher la preuve du délit, M. le Président multipliait les questions avec le plus grand soin pour en constater toutes les circonstances, de même à présent qu'il s'agit de témoins à décharge je désire qu'on interroge chacun d'eux sur les faits propres à démontrer qu'il n'y a pas eu d'association; car d'après la loi l'instruction doit être faite *à charge et à décharge*. J'insiste donc pour qu'il plaise à M. le Président demander à chaque témoin s'il est allé chez MM. Gévaudan et Simon, et si en y allant, il a cru simplement aller comme ami invité à passer une soirée, ou comme membre d'une association, qui aurait tenu ses séances à des jours fixes et marqués. Si au lieu d'une question trop vague et trop générale pour l'intelligence de quelqu'un qui n'est pas jurisconsulte, on précisait le fait légal et unique sur lequel repose la prévention, je ne doute pas qu'on n'obtînt des réponses plus satisfaisantes. MM. Gévaudan et Simon ont-ils reçu chez eux *une association non autorisée?* voilà toute l'affaire : voilà la seule chose qu'il soit légal et utile de demander aux témoins; tout le reste est au moins superflu, et peut-être déplacé.

Après quelques altercations, M. le Président consent enfin à faire justice aux réclamations du défenseur : et la question légale est enfin adressée aux témoins qui tous y répondent négativement. Lorsque par hasard M. le Président l'oublie, MM. Dupin et Mérilhou la reproduisent avec persévérance.

M. *Etienne*, rédacteur de la Minerve : M. Gévaudan est le meilleur des hommes et fait l'emploi le plus honorable de sa fortune. Depuis quinze ans, je suis lié avec lui. Le colonel Simon est un militaire plein d'honneur.

M. *Jouy*, membre de l'Académie Française : M. Gévaudan est un homme respectable, et je ne sache pas que dans sa maison il se soit jamais rien passé de contraire aux lois.

M. *Tissot*, rédacteur de la Minerve : Je me suis rendu aussi souvent que j'ai pu dans ces réunions d'amis, et j'y ai constamment vu régner l'ordre, la décence, et la modération.

M. *de la Cretelle* l'aîné, membre de l'Académie Française, dépose dans le même sens.

M. *Alexandre Duval*, membre de l'Académie Française, est absent pour cause de maladie.

M. *le lieutenant général Pajol*, est appelé.

M. *le Président* : Quel est votre état?

M. *le général Pajol* : Aujourd'hui rien.

M. *Dupin* : En allant chez MM. Gévaudan et Simon, avez-vous cru aller dans une réunion illégale?

M. *le général Pajol* : Assurément non.

MM. Larêche, mécanicien, le colonel comte de la Riboissière, le lieutenant général Teste, le colonel Déon, le colonel Bro, le lieutenant-colonel Payès, le colonel Grouchy, déposent dans le même sens.

Le colonel Noël Girard : Les prévenus ont reçu comme moi. Je reçois quand cela me convient.

Le colonel de Beaupoil Saint-Aulaire : MM. Gévaudan et Simon recevaient des amis. On parlait d'affaires politiques, voilà tout.

M. Alexandre de Lameth, lieutenant général : Je me suis rendu avec empressement au milieu de bons citoyens, de vrais Français, amis de la Charte, dont ils désirent le maintien intégral. Je me glorifie d'être du nombre de ceux qui se réunissaient pour parler de nos droits communs. Je ne recevais pas chez moi, parce que ma maison était trop petite.

On entend successivement MM. Dubief, Guiboust, de Loustal, le lieutenant-colonel Dentzel, Casimir Faucher (neveu des deux victimes de la Réole), le lieutenant général Bachelu, Blanc-de-Volx, homme de lettres, le colonel Chatry-Lafosse, Barthe, avocat, de Courbonne, propriétaire, Delaberge, médecin, Cerclet, avocat, Isambert, avocat, Fébvée, homme de lettres.

M. Comte, l'un des rédacteurs du Censeur : On y causait de tout; législation, politique, et même un peu des jugemens de la police correctionnelle....(On rit....)

M. Odilon-Barrot: J'avouerai que je n'ai vu dans ces réunions que des hommes honnêtes, s'occupant des intérêts de la patrie; je n'y ai vu ni jeu, ni femmes, ni courtisans. Si c'est là un délit, je suis obligé de le déclarer à la justice.

M. Brissot-Thivars, interrogé quelle était sa profession, a répondu : Je suis libraire constitutionnel : il a de plus ajouté qu'il ne connaissait pas d'association d'*Amis de la liberte de la presse.*

Les déclarations de MM. le lieutenant général Merlin, le lieutenant général Solignac, le Bouteiller, propriétaire, le colonel Chaillot, Bigonnet, ancien député, Nodier, administrateur des diligences, Armand Reynaud, homme de lettres, sont conformes aux dépositions des précédens témoins.

M. Emmanuel Dupaty est interrogé par le président, et répond : Comme on ne peut pas croire que je sois un délateur (M. Dupaty est l'auteur du poëme des *Délateurs*), voulez-vous, M. le président, préciser vos questions.

M. le President précise la question, et M. Dupaty dépose que sa présence aux réunions indiquées est postérieure aux faits de la plainte.

M. Chevalier, auquel on demande quel était le mode de réception, a répondu, qu'il était celui de toutes les sociétés : quant aux lettres d'invitation, dit-il, elles ressemblaient à celles qu'on reçoit pour le bal et au bas desquelles on écrit : *il y aura un violon*.

La cause est continuée à huitaine.

Audience du samedi 18 décembre 1819.

On continue d'entendre les témoins à décharge.

M. Martin de Gray, député : J'ai eu l'honneur de passer quelques soirées chez M. Gévaudan, l'un des citoyens les plus recommandables. Je connais le colonel Simon pour un militaire également distingué par ses talens et par sa bravoure. Je regrette que ma mauvaise santé m'ait empêché d'assister plus souvent à ces réunions aussi instructives qu'agréables. Au reste, je n'y ai rien vu qui présentât le caractère d'une association organisée. Il n'existait ni procès-verbaux, ni registres, ni engagemens, ni statuts, rien enfin de ce qui, aux yeux de la loi, peut caractériser une association. Je n'ai rencontré dans ces réunions que des hommes recommandables dans les lettres, dans les sciences, dans les arts, dans le commerce.

M. de Chauvelin, député, est malade, et n'a pu se rendre à l'audience.

M. le général Lafayette, député : Je me suis trouvé chez M. Gévaudan, avec un grand nombre d'autres bons citoyens, qui s'honorent, ainsi que moi, du titre d'amis de la liberté de la presse. On y a parlé, entr'autres choses, des deux premiers intérêts de tout Français : la liberté et la patrie. Je déclare n'y avoir rien vu qui portât le caractère d'une réunion blâmable, ou d'une association illicite.

M. le Président : Avez-vous été chez le colonel Simon ?

Le général Lafayette : Non ; mais j'ai regretté de n'avoir pu m'y trouver.

M. Mérilhou : Je prierai l'illustre témoin de nous dire s'il a cru l'art. 291 du Code pénal applicable à ces réunions.

Le général Lafayette : Cet article est tellement incompatible avec tout régime constitutionnel, qu'en en faisant l'application à ces réunions, ou à toute autre de ce genre, j'aurais cru donner un démenti à la Charte, et un ridicule au Gouvernement.

Cette réponse fait une grande sensation.

M. Georges de Lafayette fils, propriétaire : Je suis allé chez M. Gévaudan ; j'y ai toujours trouvé société choisie, et d'excellens citoyens. Je me suis promis d'y revenir le plus souvent possible.

M. Labbey de Pompières, député : Je n'ai pas bien entendu la lecture de l'ordonnance de la chambre du conseil ; mais si je ne me trompe, il s'agit de réunions qui auraient existé chez MM. Gévaudan et Simon. Si c'est cela, oui ; j'ai fréquenté ces réunions, et je m'honore d'en avoir fait partie.

M. Benjamin Constant, député, auquel M. le président demande de déclarer ce qu'il sait sur les faits dont il est question, demande qu'on l'interroge.

M. le Président : Avez-vous été chez M. Gévaudan?

M. Benjamin Constant : Oui, avec plaisir.

M. le Président : Avez-vous fait partie d'une association?

M. Benjamin Constant : Il n'y a pas d'association, sans engagemens, sans statuts, sans registres, et je n'ai rien vu de tout cela chez M. Gévaudan.

M. Manuel, député : Je ne crois pas qu'on m'ait appelé pour attester la moralité de MM. Gévaudan et Simon : elle est connue. J'ai assisté chez ces messieurs à des discussions souvent pleines d'intérêt, quelquefois insignifiantes, jamais coupables.

M. le général de Marçay, député : Si j'étais appelé par le ministère public pour rendre compte de ce qui s'est passé chez mes amis, où j'étais reçu, je n'aurais rien à répondre; mais appelé par les prévenus, je suis prêt à répondre.

M. le Président : Avez-vous fait partie d'une association qui se serait réunie chez MM. Simon et Gévaudan?

M. le général de Marçay : Je ne suis jamais allé chez ces messieurs.

M. le Président : Allez vous asseoir.

M. Alexandre Duval, membre de l'Académie française : J'ai eu le malheur de ne pouvoir aller ni chez M. Simon, ni chez M. Gévandan : j'en ai été empêché par mon séjour à la campagne : mais je suis allé quelquefois chez M. de Broglie, et chez M. de la Fayette.

M. le Président : Allez vous asseoir. (Avec impatience.) Le tribunal vous demande seulement si vous avez été chez M. Gévaudan.

M. Alexandre Duval : Je n'ai jamais eu cet honneur-là.

M. Talma (François-Joseph), artiste du Théâtre-Français.

M. le Président : Avez-vous été quelquefois chez MM. Simon et Gévaudan?

M. Talma : Différentes circonstances m'ont empêché d'avoir cet avantage; mais.....

M. le Président, interrompant vivement le témoin : allez-vous asseoir.

M. Bedoch, député, décline ses noms et qualités.

M. le president : Avez-vous été chez MM. Simon et Gévaudan?

M. Bedoch : Je n'ai jamais eu l'honneur d'aller chez ces messieurs; mais.....

M. le President : Allez-vous asseoir.

M. Dupin réclame contre cette formule d'interrogatoire un peu trop abrégée : il demande qu'on pose la question de l'existence de l'association.

M. le president : J'ai un pouvoir discrétionnaire pour apprécier les questions propres à éclairer l'accusation; et vous n'avez pas à adresser de questions directes.

M. Dupin : Je le sais bien; mais j'ai le droit de demander que le tribunal en délibère.

Le tribunal se lève pour délibérer, et après cinq minutes, rend le jugement suivant :

Attendu que le temoin déclare qu'il n'a jamais été chez M. Gévaudan, le tribunal décide qu'il ne sera pas interrogé de nouveau.

M. Dupin : J'insiste pour qu'il soit fait au témoin d'autres questions. Messieurs, de grâce, un peu moins de précipitation; je vous en conjure pour la dignité de votre audience. La preuve contraire est de droit.

M. Merilhou : Quel que soit le pouvoir discrétionnaire du président, il a pourtant des bornes dans la justice et la raison. Il peut écarter les questions oiseuses : mais lorsque nous soutenons que nos interpellations, loin d'être *oiseuses* et *frivoles*, tiennent au fond même de l'affaire, nous avons le droit de prouver l'opportunité de nos réquisitions, et d'établir que loin de nous éloigner du procès, nous nous y rattachons au contraire de la manière la plus intime. De quoi s'agit-il en effet? ce n'est pas de savoir si tel ou tel témoin a été chez MM. Simon et Gévaudan; c'est là un fait indifférent en soi; mais de savoir si ceux qui y allaient constituaient une association proprement dite, ou bien seulement une simple réunion d'amis. Ainsi, avant tout, *y a-t-il eu association:* voilà la question que nous désirons qu'on fasse à chaque témoin. Le ministère public doit le désirer aussi : car qui sait s'ils répondront *oui* ou *non*. Le procès est là, ou bien n'est nulle part. Si le tribunal refuse d'interroger sur le fait de l'association, il nie l'accusation. Nous ne demandons pas mieux. Nous appelons la lumière parce que nous ne la craignons pas. Les témoins à décharge nous appartiennent : nous devons savoir pourquoi nous les avons appelés. Ce n'est pas pour les faire décliner leurs noms et aller s'asseoir que nous avons fait venir ici soixante citoyens honorables. Au surplus, pour que l'objet du nouveau jugement que je provoque soit judiciairement fixé, je vais déposer des conclusions écrites, afin de tirer de votre décision telles conséquences qu'il appartiendra, et pour qu'il reste prouvé qu'on refuse d'interpeller les témoins sur un fait sans lequel l'accusation s'évanouit.

Le tribunal se lève de nouveau pour délibérer.

M. Dupin saisit cet instant pour rédiger à la hâte des conclusions qu'il fait signer à ses cliens; elles tendent : « *A ce qu'il plaise au tribunal ordonner* » *que chaque temoin sera interrogé sur la question de savoir s'il a connaissance de l'existence* » *d'une société dite des amis de la liberté de la* » *presse, et si, en allant chez les prevenus, il a* » *cru aller comme leur ami, ou comme membre* » *d'une association prohibée.* »

Ces conclusions sont mises sous les yeux du tribunal.

M. Merilhou : Je vous prie, Messieurs, de considérer que ces conclusions ont été rédigées à la hâte; et qu'elles n'ont pas la force qu'on aurait pu leur donner en les motivant.

M. le président : Voulez-vous plaider?

M. Dupin : Cela est nécessaire, M. le président.

Le tribunal se rasseoit.

M. Dupin : Certes, Messieurs, rien n'égale notre confiance dans votre impartialité; mais la justice a ses formes, et nous en réclamons la scrupuleuse observation. Le ministère public recherche les preuves d'une contravention ; nous y opposons nos justifications. Le ministère public, dans l'intérêt de la société, a produit ses preuves : qu'il nous soit permis de produire les nôtres dans l'intérêt sacré de la défense. Il y a eu des témoins à charge : vous les avez interrogés à loisir et avec complaisance. Pourquoi en user autrement avec les témoins à décharge, et se hâter de leur dire *allez-vous asseoir*, lorsqu'à peine ils ont eu le temps de décliner leurs noms. L'instruction du procès doit se faire à charge et à décharge. Voilà le principe dont je réclame l'application. J'insiste pour que la question posée dans nos conclusions soit présentée à chacun des témoins à décharge.

M. l'Avocat du Roi conclut dans le même sens.

Le tribunal délibère pour la troisième fois, et ordonne que la question posée sera faite aux témoins.

M. *Bédoch*, interrogé de nouveau, répond qu'il n'a vu dans les réunions auxquelles il a assisté aucun des caractères qui constituent une association.

M. *Dupin* : Demande qu'on rappelle M. Talma, pour être interrogé de nouveau.

M. *le Président* s'y refuse, et après quelques momens d'hésitation, il finit par exécuter le jugement.

M. *Talma* : Je n'ai aucune connaissance que ces réunions aient eu les caractères que leur donne la plainte : je n'ai point été chez MM. Gévaudan et Simon ; mais dans les salons où je les ai rencontrés, je n'ai vu que ce qui se passe ordinairement dans toutes les sociétés. On parlait du théâtre, ce qui me regarde un peu; de politique, ce qui regarde tout le monde. On en parlait quelquefois avec chaleur; mais on se calmait avec du punch.

M. *Girod de l'Ain*, conseiller à la Cour royale, et président de la Cour d'assises : Je ne suppose pas que je sois assigné pour déclarer que les prévenus sont des hommes honorables, parce que c'est une vérité dont on est étourdi. Quant à la question de M. le président, sur l'existence d'une association, il me semble que c'est une question de droit qu'un témoin ne peut guère résoudre. Cependant une association suppose un lien qui unit tous les associés; or, ce lien n'existait aucunement dans les réunions qui font la matière du procès. Au surplus, depuis quelques mois mes fonctions judiciaires m'éloignent de toute assemblée nombreuse, non que je craigne que mon impartialité de juge y subisse aucune altération, mais parce que je crois qu'il convient que l'opinion publique ne puisse pas, même à tort, suspecter l'indépendance d'un magistrat.

M. *Bignon*, député : MM. Gévaudan et Simon sont des hommes de bien, et je me suis trouvé souvent chez eux : ces réunions étaient composées d'hommes qui aiment toutes les libertés de leur pays.

M. *Mérilhou* : Y êtes-vous allé comme ami, ou comme membre d'une association.

M. *Bignon* : Comme ami.

M. *Dupont de l'Eure*, député : Je connais MM. Gévaudan et Simon. Je suis allé souvent chez M. Gévaudan. J'y ai trouvé des membres des deux chambres, des officiers généraux ; des jurisconsultes, des hommes de lettres, des citoyens aussi distingués par leurs lumières que par leur patriotisme. Tout ce que j'ai vu, tout ce que j'ai entendu m'a paru porter le caractère de la modération et de la décence, et tout-à-fait conforme aux principes constitutionnels ; j'avouerai qu'il ne fallait rien moins qu'un procès aussi singulier que celui qui vous occupe, pour me faire croire que ces réunions pussent être qualifiées d'associations illégitimes.

M. *Dunoyer*, l'un des rédacteurs du Censeur.

M. *le Président* : Expliquez-vous sur les faits.

M. *Dunoyer* : Il faudrait savoir sur quels faits.

M. *le Président* : Avez-vous fait partie d'une association?

M. *Dunoyer* : Il faudrait s'entendre sur le sens du mot *association*. Si vous voulez parler d'une réunion d'hommes paisibles, se rapprochant librement pour causer de politique, de législation, ou de toute autre matière, j'ai fait partie d'une pareille association; mais s'il s'agit d'une réunion organisée, liée par des statuts, dont chaque membre serait soumis à des obligations particulières pour concourir à un but commun, je ne connais rien de semblable.

M. *Delaplesse*, avocat, n'a connaissance d'aucune association proprement dite.

Un grand nombre d'autres témoins à décharge avaient été indiqués ou assignés; il suffira de faire connaître leurs noms, ce sont MM. le général comte de Thiars, le lieutenant-colonel Maccarty, le colonel Sourd, le colonel Grand, le général Victor Rémond, le colonel Duchampt, le général Dejean fils, le colonel Pethiet, le lieutenant-colonel Brack, Bailleul, ex-député, M. de Béranger, M. Forcade, le général Beauvais, le général Jubé, M. Beauséjour, député, M. de Corcelle, député, M. Châtelain, homme de lettres, le général Burthe, M. Picot Désormeaux, député, le lieutenant général Sémélé, M. Lebouteiller, propriétaire, etc., etc.

M. l'avocat du Roi prend la parole en ces termes :

DISCOURS

Prononcé par M. Bourguignon, Avocat du Roi, dans l'affaire de la Société des Amis de la liberté de la Presse.

Notre premier soin, notre premier devoir, dans cette affaire, seront de lui restituer le caractère légal qui lui appartient, et que la malveillance ou l'erreur de quelques journalistes ont étrangement défiguré.

S'il fallait en croire ces oracles trompeurs et frivoles de la renommée, la sollicitude du ministère public n'aurait éclaté dans cette occasion que par des actes arbitraires, et de véritables attentats à nos libertés nationales. Il aurait voulu introduire jusque dans l'enceinte des familles une sorte d'inquisition pour y troubler la confiance et la paix des citoyens tranquilles, épier leurs secrets innocens et comprimer les doux épanchemens de l'amitié.

Non, Messieurs, nous étions impatiens de vous le dire, jamais nous n'aurons à rougir de pareils actes; jamais nous n'avilirons ainsi la dignité du ministère que le Roi nous a confié, et que nous devons lui rendre intact et pur comme nous l'avons reçu.

De quoi s'agit-il en effet devant vous?

La *société des amis de la liberté de la presse*, son organisation, ses travaux, le but de son institution nous ont été signalés par les écrits même de quelques-uns de ses membres, et par la notoriété publique.

Cette société offre-t-elle dans son régime intérieur les formes des associations délibérantes qui ne peuvent se constituer ni se maintenir sans l'agrément de l'autorité?

MM. Gévaudan et le colonel Simon, qui, de leur aveu, ont plusieurs fois fourni leur domicile aux réunions des amis de la liberté de la presse, sans avoir préalablement demandé l'autorisation municipale, sont-ils ou non passibles de l'amende prononcée par la loi?

Voilà, Messieurs, les seules questions de fait et de droit que nous ayons voulu livrer à votre examen.

Et, il faut en convenir, ce premier aperçu de la cause pourrait bien déshériter d'avance l'éloquence des orateurs qui espéraient y trouver le sujet de discussions brillantes et de mouvemens passionnés; il nous suffit du moins, pour rassurer l'opinion publique contre la fausseté des conséquences absurdes que l'esprit de parti s'est efforcé de prêter à l'action de notre ministère.

Déjà, Messieurs, nous avons le droit de le proclamer, cette action, quel qu'en soit le résultat, ne peut causer la moindre inquiétude sincère.

Les pères de famille ne se croiront point obligés, quoi qu'on ait dit, à compter leurs amis dans un jour de fête, ni à bannir la politique de leurs salons. La conversation continuera parmi nous de parcourir tous les sujets les plus graves, avec cet abandon, cette indépendance qui sont les traits distinctifs de l'esprit français; car l'autorité ne confondra jamais les cercles même les plus nombreux, que le plaisir ou l'amitié rassemble, avec les associations délibérantes que le législateur a pris tant de soin de définir.

Les vrais amis de la liberté publique ne concevront pas plus d'alarmes; ils savent que nous agissons en vertu d'une disposition précise du Code pénal; et la liberté constitutionnelle consiste à n'obéir qu'aux lois et à faire tout ce qu'elles n'ont pas défendu.

Ils ne verront rien d'*arbitraire* dans notre marche, car c'est un officier de police judiciaire qui a notifié aux amis de la liberté de la presse la clôture de leur réunion: et maintenant nous les appelons régulièrement devant leurs juges naturels, pour discuter franchement avec nous la nature de la prévention et l'application de la loi.

On a murmuré les mots d'*espionnage*, de *trahison* et de *faux frères*..... comme si ces réunions avaient jamais été mystérieuses; comme si l'imprudence qui en a elle-même divulgué tous les secrets avait droit de crier ensuite à l'infidélité.

Quant à nous, méprisant les délateurs et leur langage, nous déclarons ne vouloir employer ici, à l'appui de notre opinion, d'autres renseignemens que les aveux fournis par les prévenus eux-mêmes ou par leurs nombreux amis, soit dans leurs propres journaux, soit dans l'instruction écrite, soit dans le débat oral, et nous ne puiserons ainsi les élémens de vos convictions que dans des documens judiciaires purs comme la justice même dont ils émanent.

Toutefois, Messieurs, en abordant les résultats de

cette instruction, nous ne saurions nous défendre d'une surprise mêlée de regrets.

Nous espérions que l'établissement du point de fait ne nous coûterait aucun effort. Nous ne pouvions nous attendre que des actes si notoires seraient démentis par ceux-là mêmes qui, hier encore, les publiaient avec orgueil, comme autant de titres à la reconnaissance publique.

Mais ce qu'il était plus difficile de prévoir, c'est que des amis si tendrement liés par les mêmes sentimens se trouveraient si étrangement divisés dans cette occasion sur les principes de conduite que l'honneur et la loyauté leur prescrivaient d'observer devant vous.

Les uns, après avoir fait serment de dire toute la vérité à la justice, se condamnent à un silence parjure sur tous les faits dont on leur demande compte; et cependant, disent-ils, pour ajouter une autre contradiction à la première, il n'est aucun de ces faits que ne puisse avouer un ardent ami du Roi et de la Charte.

D'autres, moins scrupuleux, ou plutôt mieux éclairés sur leurs devoirs, nous révèlent en détail le nombre, l'objet, la forme des assemblées dont ils ont fait partie, et les objets divers qu'on y a traités.

Celui-ci n'a cru assister chez ses amis qu'à une simple réunion de plaisir.

Celui-là (1) déclare publiquement, au contraire,

(1) M. le duc de Broglie.

avoir toujours reconnu dans la société l'organisation d'une assemblée permanente que le gouvernement peut surveiller et dissoudre.

Quoiqu'il en soit, Messieurs, et pour arriver plus directement à la vérité, au milieu de tant de contradictions, jetons un coup-d'œil rapide sur les premiers résultats de la procédure. Nous examinerons ensuite ce que les débats et les objections des témoins nous commanderont d'en retrancher.

La *Société des amis de la presse* date son existence (au moins notoire) du mois d'avril dernier.

Elle s'est rassemblée tour à tour chez plusieurs de ses membres; mais les plus fréquentes séances ont été tenues, en dernier lieu, chez le sieur Gévaudan, l'un des administrateurs des messageries, et chez le colonel Simon de Lorières.

Cette société s'occupa d'abord de l'important sujet indiqué par son titre, et qui semblait caractériser le but principal de son institution; mais bientôt elle promena ses méditations sur un champ plus vaste; elle voulut, pour me servir des expressions d'un de ses membres (le sieur Fabreguettes) aviser aux moyens d'obtenir *des ministres l'exécution de la loi fondamentale et toutes les garanties que promet cette loi.* Les questions les plus élevées de politique, de législation et d'administration publique y furent dès-lors solennellement débattues : on révisa les projets de loi, les lois elles-mêmes, tous les travaux des Chambres et les actes du Gouvernement. C'est ainsi qu'après avoir épuisé l'examen des projets de loi sur la liberté de la presse, on discuta successivement *l'or-*

ganisation du jury, des autorités départementales, de la garde nationale, et le budget. Enfin, telle était l'immensité du zèle qui animait cette association, qu'elle l'étendit jusqu'à la censure des actes même de la politique étrangère. Plusieurs témoins, d'accord avec le général Berton, nous ont appris en effet, que le jour même où elle fut dissoute, on devait y faire un rapport sur les résolutions diplomatiques du congrès de Carlsbad.

Au surplus, les amis de la liberté de la presse ne bornaient point leur sollicitude au développement des moyens spéculatifs qui pouvaient perfectionner nos institutions politiques; ils surveillaient aussi dans ses détails la marche exécutive de notre Gouvernement. Ils dénonçaient les mécontentemens publics, les prétendues injustices des agens de l'autorité, votaient des pétitions aux Chambres, et pesaient, dans leur balance, les titres des candidats présentés au moment des élections.

Quels furent les principes professés sur tant de sujets divers? étaient-ils salutaires ou dangereux? Ce n'est pas là l'objet de nos recherches; il nous suffit, quant à présent, de recueillir dans l'historique sommaire de ces discussions une première vérité, c'est qu'elles roulaient uniquement sur la *politique*.

On nous accorde cette incontestable vérité; mais, pour en fuir les conséquences, on suppose que les séances de la société n'étaient que de simples réunions d'amis, où l'on CAUSAIT sans délibérer, et où la politique même n'était qu'un objet accidentel de conversation.

Toute l'instruction dépose contre la fausseté de ce système insoutenable, et qui fonde la défense entière des prévenus.

Elles constate, en effet, que les réunions *politiques* des amis de la liberté de la presse étaient composées de plus de vingt membres, sans compter les personnes domiciliées dans le local des séances ;

Que ces personnes se rassemblaient *à des jours marqués* et rapprochés, environ toutes les semaines ;

Que chaque séance était dirigée par un président;

Qu'on y nommait des commissions pour préparer les travaux des séances suivantes ;

Qu'on y présentait enfin des candidats dont l'admission était soumise à quelques formes convenues.

Certes, Messieurs, il serait difficile de ne pas reconnaître, à de pareils traits, la société permanente et délibérante qualifiée par l'article 291 du Code pénal, et qui ne pouvait se former sans l'autorisation du Gouvernement.

Pour vous démontrer le contraire, il faudrait que les fondateurs et affiliés de cette société fussent parvenus à détruire une à une toutes les circonstances que nous avons précisées et qui caractérisent l'association clandestine. Tel a été, en effet, le but de leurs efforts conjurés. Voyons comme ils ont réussi.

Mais avant de pénétrer dans ces débats, nous vous devons une observation première sur l'identité des nombreuses dépositions qu'on vous a fait entendre en faveur des inculpés.

Nous devions nous attendre à voir les amis de la liberté de la presse venir défendre en foule leur association attaquée. En parlant pour MM. Gévaudan et Simon, ils plaidaient au fond leur propre cause. Si la loi a été violée, ils sont complices de cette infraction; et, quoiqu'ils se trouvent à l'abri de toute poursuite, il est vrai de dire qu'ils ont plutôt figuré au procès comme prévenus que comme témoins; et c'est précisément parce que la loi ne peut les atteindre, qu'ils se croyaient peut-être plus étroitement engagés, envers les inculpés, à justifier l'illégalité des réunions, par suite desquelles MM. Gévaudan et Simon sont traduits devant vous. Ce généreux zèle n'aurait rien de blâmable en soi, s'il ne les avait pas égarés trop loin de la vérité.

Comment concevoir, en effet, que, s'abandonnant au plus étrange système de dénégation, des hommes qui se respectent soient allés jusqu'à désavouer l'existence même de la *société des amis de la presse*. Ce titre les importune désormais; il ne leur a été infligé, disent-ils, que par leurs adversaires : ils ne le connaissent plus !.....

Ils ne le connaissent plus !... Et, cependant, le général Berton a positivement déclaré que, dès l'origine, ses amis désignaient ainsi la réunion dont il a fait partie.

Le sieur Léon Thiessé veut-il prendre leur défense dans ses *Lettres Normandes?* il intitule son grand article : *Réunion des amis de la liberté de la presse*. M. le duc de Broglie veut-il nous donner sa profession de foi à ce sujet? Il commence sa lettre par ces paroles : Le Gouvernement vient de dissoudre la *Société des amis de la liberté de la presse; il en avait le droit.* Enfin, Messieurs, a-t-on pu oublier que, dans une foule de numéros du *Censeur Européen*, qui passeront bientôt sous vos yeux, MM. Comte et Dunoyer ont eux-mêmes publié les procès-verbaux de la *Société des amis de la liberté de la presse*, avec la même solennité qu'ils annonçaient les séances des deux Chambres. Les rédacteurs de ces écrits étaient-ils des agens du pouvoir, des ennemis de l'association? Tous en étaient membres; tous ont été cités comme témoins à décharge par les prévenus eux-mêmes dans l'affaire qui nous occupe.

Mais, dit-on encore, peu nous importe la qualification donnée à nos cercles paisibles; il faut s'attacher à la réalité du fait, et, dans le fait, point d'association.

Nous prouverons ici l'association, en démontrant que ni les prévenus, ni leurs témoins à décharge n'ont pu altérer, par leurs objections, un seul des élémens qui la constituent dans le système de la prévention.

Ils ont d'abord avoué que la politique formait l'objet de leurs entretiens. En second lieu ils n'ont pu sérieusement contester le nombre des membres qui avaient droit d'y figurer.

Le sieur Léon Thiessé évalue ce nombre à deux ou trois cents personnes.

Le sieur Fabreguettes, en indiquant, dans sa lettre à M. le juge d'instruction, le nom de ses collègues, répète à chaque phrase cette exclamation, et *cent autres!* Enfin, Messieurs, le peu de témoins cités à notre requête n'aurait-il pas suffi pour prouver, à vos yeux, que ces assemblées comptaient plus de vingt membres : il semble que les témoins à décharge aient voulu s'acquitter eux-mêmes de ce soin; ils sont accourus en foule, et ont ainsi confirmé, par leur concours immense, la réalité d'une circonstance importante au procès, et qualifiée par la loi. Il faut même ajouter que leur seule présence formait alors un contraste assez bizarre avec leurs discours. Il était curieux de voir cette société de la liberté de la presse venir vous étaler en masse toute sa force, toute sa puissance, toute son éloquence et son éclat, pour soutenir qu'elle n'existait pas et n'avait jamais existé.

Mais remarquons d'abord, sans aller plus loin, que la combinaison des deux premières concessions qu'on nous a faites sur le *but politique* des réunions et le *nombre* de leurs membres, serait déjà de nature à nous prémunir fortement contre les subterfuges des prévenus. Loin de nous l'idée de révoquer en doute l'intimité qui unit les nombreux témoins aux sieurs Simon et Gévaudan; nous croirons sans peine que ces deux citoyens justifient par leur caractère moral, par leurs vertus privées, l'attachement dont ils ont ici même reçu des preuves; nous croirons même que plus heureux que Socrate, ils ont pu remplir leurs maisons de leurs nombreux amis; mais, lorsque ces trois cents amis se rassembleront successivement chez l'un et chez l'autre, durant une année entière, et à des jours très-rapprochés; lorsque nous les retrouverons encore chez d'autres prétendus amis, toujours discutant, toujours pérorant sur les affaires publiques, il nous sera permis de présumer que l'affection ou la convenance ne sont pas le seul lien qui les rassemble. Enfin, nos soupçons se convertiront en certitude, nous ne verrons plus que des comités clandestins et de véritables clubs politiques dans ces prétendues sociétés d'amis, s'il nous est démontré qu'elles se tiennent fréquemment, à des *jours marqués*, et qu'elles offrent dans leur régime intérieur tout l'attirail des assemblées délibérante, c'est-à-dire, un président, des commissions et des affiliations de candidats.

Il n'y avait pas de jour fixe, nous dit-on, et les réunions n'étaient point périodiques.

Nous n'avons pas dit que ces réunions fussent *périodiques*, ni qu'il y eût des *jours fixes;* la loi parle seulement de *jours marqués;* or, il y avait *jours marqués*, puisque, de l'aveu de tout le monde, on fixait d'avance, à la fin de chaque assemblée, l'heure, le jour et le but de celle qui devait suivre. Souvent la convocation se faisait même par lettres pour les membres qui n'avaient pas entendu l'invitation orale. Les réunions avaient lieu presque toutes les semaines.

Peu importe, sans doute, que ces assemblées aient été périodiquement tenues tel ou tel jour; il suffit que, durant cette année, elles se soient constamment renouvelées à des époques *convenues*, pour qu'il y ait eu jours *marqués* dans le sens de la loi. Elle emploie en effet ces expressions pour signaler la *permanence* des sociétés politiques, et les distinguer des réunions fortuites, sur lesquelles elle ne veut point étendre sa surveillance.

Maintenant, Messieurs, n'attendez pas que nous traînions votre attention sur les détails de l'instruction pour vous montrer dans cette société, l'existence des présidens, des commissions, et la réception de divers candidats Ces circonstances ne sont d'abord que des moyens surabondans à nos yeux; car la loi n'indique dans la qualification du délit, que *l'objet politique des réunions, les jours marqués* et le *nombre supérieur à vingt personnes.* Mais nous ne craignons pas de le dire, c'est surtout aux débats que vous avez pu acquérir le complément de votre certitude, et l'intime conviction des formes solennelles qui présidaient aux travaux de la société. Les preuves qui en ont jailli étaient d'autant plus pures, qu'on les voyait s'échapper, pour ainsi dire, des dépositions même de tous les témoins à décharge. Ils avaient beau épuiser les périphrases, les réticences et tous les artifices du langage, afin d'éviter ces expressions, *Président, commission et candidats;* leurs efforts pour déguiser le mot ne nous montraient que plus clairement la chose, et vous aurez sans doute gémi avec nous de les voir ainsi se perdre dans de vaines et puériles contradictions, où l'aveu venait toujours combattre incessamment, et comme à leur insu, la dénégation de la vérité.

Tout leur système, en effet, peut se réduire en ce peu de mots :

Il n'y avait pas *Société politique* parmi nous, mais nous nous sommes rassemblés pendant près d'une année, au nombre de plus de vingt personnes, pour traiter des affaires publiques.

Il n'y avait point de *jour marqué*, mais le lieu,

l'instant, le sujet des délibérations étaient toujours convenus d'avance.

Point de président, mais un *maître des cérémonies* réglait l'ordre de la conversation, et donnait successivement la parole à qui la demandait.

Point de *commission* ni de *rapport*, seulement quelques personnes plus éclairées sur tel sujet politique étaient chargées par leurs collègues d'en préparer la discussion pour la séance suivante.

Point d'admission de candidats, mais les noms des personnes qui voulaient entrer dans la société étaient remis d'avance par un ou deux amis, au maître des cérémonies, qui prononçait le rejet ou l'admission, à l'ouverture d'une autre assemblée!.....

De bonne foi, Messieurs, que signifie ce langage? Est-il destiné à fonder une défense sérieuse et raisonnable? ou n'y verrez-vous pas plutôt un jeu d'esprit fort déplacé dans la discussion de sujets aussi graves, imaginé en désespoir de cause pour compromettre la majesté de vos audiences; et si nous voulions expliquer nous-mêmes le sens des mots *société*, *président*, *candidats*, pourrions-nous en trouver quelque part une définition plus exacte et plus précise, que dans les expressions mêmes qu'on emploie pour en dénier l'existence aujourd'hui.

Cependant, Messieurs, les membres de cette société n'ont pas toujours été si timides, il est temps de compléter la démonstration du point de fait par quelques dernières preuves émanées encore des témoins à décharge, mais plus éloquentes, et surtout moins fugitives que leurs déclarations. Il est temps d'opposer à ces déclarations si légères leur langage et leurs écrits antérieurs au procès.

Nous tenons à la main plusieurs numéros du *Censeur européen* dont nous ferons connaître quelques articles. MM. Comte et Dunoyer y rendent compte des travaux de leurs collègues. Ils ne craignaient point alors d'avouer la qualification de *Société des amis de la liberté*, etc. : ils ne reculaient pas devant ces mots de *commission* et de *rapport*, qu'on ne veut plus prononcer aujourd'hui.

Dans leur journal du 1er juillet dernier, MM. Comte et Dunoyer nous apprennent en ces termes, que la *société des amis de la liberté de la presse* s'est réunie la veille :

« Elle a d'abord entendu le *rapport* d'un de ses » membres sur la *question*, maintenant à l'ordre du » jour, de la compatibilité des fonctions de député » avec celle d'agent salarié et révocable par le Gou- » vernement. On est convenu généralement que la » législation existante s'opposait à la cumulation de » ces fonctions, dont l'incompatibilité est encore plus » hautement prononcée par la nature des choses.

» A cette question a succédé *un rapport sur le* » *jury*. *Le rapporteur* s'est contenté de fixer les » points de départ de la discussion ultérieure. Il a » divisé sa matière en deux parties principales, l'éli- » gibilité et le mode d'élection des jurés. Il se réserve » de parler ultérieurement sur leurs attributions.

» Comme la *société paraît* avoir l'intention de » suivre, *dans ses discussions les travaux futurs* » *de la Chambre* des députés, on a parlé ensuite de

» nommer une commission pour examiner la question de la responsabilité des agens du pouvoir. La société a pensé que cette question ne devrait être traitée qu'après celle de l'organisation municipale, dont elle s'occupera nécessairement..... »

Le 10 juillet suivant, le même journal nous offre encore un article assez remarquable sur cette même association : il est intitulé *société des amis de la liberté de la presse* : « Elle s'est tenue, disent les mêmes rédacteurs, mercredi soir, et l'assemblée, malgré le mauvais temps, l'excessive chaleur et l'éloignement du quartier, *était extrêment nombreuse*. Six députés s'y étaient rendus, les derniers événemens survenus à l'école de droit, l'intérêt que les citoyens portent au professeur et aux élèves déférés aux tribunaux, et surtout les résultats importans que ces événemens peuvent avoir sur l'affranchissement de l'instruction et la liberté des personnes, sont une des causes de cette grande affluence.

» Après *plusieurs présentations de nouveaux membres*, on allait entamer la question du jury, annoncée à la dernière assemblée, lorsq[illegible] la demande *d'un secrétaire*, toute discussion a été ajournée pour s'occuper de l'affaire de M. Bavoux....... »

Il serait sans doute inutile de rapporter ici la discussion dont le même article donne l'analyse; nous remarquerons seulement en passant, que cette discussion a été ouverte par un des *secrétaires* de l'assemblée, et que l'existence de ces *secrétaires* est aussi peu compatible que les fonctions d'un *prési-*

dent avec l'idée de ces réunions fortuites qui n'ont aucune organisation proprement dite et ne laissent apercevoir dans l'ordre habituel de leurs travaux aucun caractère des sociétés délibérantes.

Les séances se succédaient assez régulièrement, à cette époque, de huitaine en huitaine; car le 18 suivant, le Censeur publie encore dans la forme la plus officielle le procès-verbal des délibérations du 17.

« Société des amis de la liberté de la presse.

« *Après les réception d'usage, la société a ouvert* » *sa séance par une œuvre de bienfaisance, en vo-* » *tant un secours de cent francs en faveur d'un* » *imprimeur victime de l'ancienne législation sur* » *la presse.*

« Elle a ensuite entendu le *rapport* de la *commis-* » *sion* chargée d'examiner les faits et la procédure » concernant M. Bavoux..... »

Nous passerons encore sous silence la dissertation des commissaires sur ce procès.....

» L'ordre de la discussion appelait ensuite la *con-* » *tinuation du rapport sur l'organisation du jury.* » Le rapporteur a rappelé, en peu de mots, son systè- » me d'éligibilité des jurés, fondé sur l'âge et une » quotité proportionnelle de contributions; puis il » expose les principes qui devront servir de base aux » exclusions, excuses et incompatibilité.... »

Suit encore l'analyse de ce rapport.

L'article se termine ainsi :

» Quelques membres de la société, après avoir » entendu ce rapport *ont annoncé qu'à la pro-* » *chaine réunion, ils développeraient* un système

» *d'éligibilité* basé sur *l'organisation électorale*
» actuelle. Il est probable que cette question sera
» vivement débattue, la commission se fondant, pour
» soutenir son système, sur l'impossibilité de trouver
» en France un assez grand nombre de jurés payant
» 300 f. de contribution, surtout si, comme elle
» l'espère, on doit par la suite appliquer l'institution
» du jury, au jugement de tous les actes punissables,
» sans distinction de crimes et de délits.

» Les élections prochaines occupent la France en-
» tière : elles devaient attirer l'attention d'une société
» qui prend un vif intérêt à tout ce qui peut influer
» sur le bonheur de la patrie. On a donc proposé de
» se *communiquer dorénavant les renseignemens*
» *qui viendraient à la connaissance des membres*
» *de la société*, sur la personne *des candidats*, por-
» tées à la députation par les différens partis. Une vive
» discussion s'est engagée à ce sujet, elle a prouvé
» combien sont droites et vraiment patriotiques les
» intentions qui animent les amis de la liberté de la
» presse; tous les orateurs ont unanimement protesté
» contre les insinuations perfides et les allégations
» mensongères des écrivains du Gouvernement. Ils
» ont déclaré que la société, en nommant *une com-*
» *mission électorale*, n'a eu d'autre but que d'asso-
» cier ses vœux et ses conseils à ceux des électeurs
» de toute la France, parce que le choix d'un seul
» député intéressant tous les citoyens, tous sont res-
» ponsables du résultat des élections. Les Français
» qui habitent Paris ne s'attribuent par là aucune
» prérogative sur les Français des départemens; mais

» leur position *les mettant à même de réunir des*
» *renseignemens recueillis sur tous les points du*
» *territoire*, leur donne voix délibérative *dans le*
» *grand conseil national.* »

La séance suivante fut consacrée à l'examen d'une question électorale qui fut traitée avec beaucoup de force et d'intérêt, s'il faut en croire MM. Comte et Dunoyer.

» Des électeurs, disent-ils, de la Seine-Inférieure
» désiraient connaître l'avis des membres de la réu-
» nion sur le parti qu'ils avaient à prendre, s'ils se
» trouvaient dans l'alternative forcée d'élire pour
» député un *ultra* ou un ministériel de profession.
» Cette question piquante par sa franchise, était
» tout-à-fait à l'ordre du jour ».

La société, à quelque voix de dissidence, s'est prononcée en faveur de l'*ultra*. Nous épargnerons encore à votre attention les détails des argumens fort étendus, à l'aide desquels les orateurs ont soutenu contradictoiremment leur système dans cette étrange discussion. En appelant un instant votre attention sur ces journaux; nous avons seulement voulu vous montrer dans les aveux non supects des organes publics de l'association qui vous est dénoncée, le caractère *toujours politique* des sujets qu'elle a passés en revue, et le mode uniforme et solennel de chacune de ses délibérations.

L'importance décisive des dernières preuves que nous venons d'accumuler sur ces divers points de fait, nous annonce d'avance les efforts qu'on tentera pour nous en ravir l'usage. Des journaux dira-t-on ne sont pas des piéces judiciaires ; ils ne peuvent être opposés qu'à leurs rédacteurs...

L'objection serait raisonnable si nous avions puisé nos citations dans l'une de ces feuilles qu'on est convenu d'appeler *ministérielles;* mais, nous ne saurions trop le redire, le Censeur Européen a pour éditeurs responsables MM. Comte et Dunoyer, membres de la société des amis de la liberté de la presse, et témoins à décharge dans le procès actuel; s'ils trahirent votre confiance en divulgant vos secrets, s'ils trompèrent tant de fois l'opinion publique par les récits mensongers des débats imaginaires de votre club, il fallait alors punir leur félonie ou confondre leur imposture. Comment se fait-il que vous ayez gardé le silence jusqu'à ce jour ; ce silence est pour nous à la fois un aveu de toute les vérités qu'ils ont mises au jour et une preuve du mandat tacite qu'ils avaient même reçu de les publier : il vous est désormais impossible de révoquer, par une dénégation tardive, un aveu si solennel d'un mandat si ponctuellement exécuté dans les journaux de vos propres confrères; il vous est impossible enfin d'ébranler la foi due aux témoins que vous avez vous mêmes appelés à votre secours.

Nous espérons, Messieurs, qu'éclairés par ces observations et par le sentiment de leur intérêt bien entendu, les prévenus et leurs amis renonceront à soutenir que le ministère public à rêvé l'existence de *la société politique des amis de la liberté de la presse.* Non seulement leurs journaux confirment tout ce que nous avions eu l'honneur de vous dire sur la réalité de cette association ; mais ils vous ont encore fourni une foule de détails inconnus jusqu'alors sur la nature et le but véritable de ses travaux. Nous y voyons partout l'intention franchement exprimée par les membres qui la composent de suivre et *d'imiter les discussions des chambres.* Ils annoncent à la France une commission électorale dont l'instruction ne vous avait point parlé, et qui devait former à Paris le GRAND CONSEIL NATIONAL.

Ils ne dissimulent pas l'influence qu'ils espèrent conquérir sur le gouvernement des affaires publiques. C'est vers ce but important que se dirigent tous les efforts de leur prosélytisme; et, si la bienfaisance elle-même vient quelquefois mêler ses touchantes inspirations aux mouvemens de leur patriotisme, elle semble obéir encore à l'intérêt politique qui domine toutes les affections et règle tous les actes des associés; elle ne répand ses bienfaits que sur les écrivains frappés par vous de condamnations judiciaires: ce qui faisait dire cette année à l'un des orateurs les plus distingués de l'une de nos Chambres (1), qu'il s'était formé à Paris une sorte de *compagnie d'assurance* contre la puissance de vos décisions, en faveur de tous les délits de la presse.

Après vous avoir montré dans les journaux des amis de la liberté de la presse le résumé de leur propre déclaration sur les fonctions de leurs *présidens*, de leurs *rapporteurs* et de leurs *commissions;* sur les *présentations de membres*, les *réceptions d'usage*, les *jours marqués*, le *but politique* de leurs

(1) M. de Courvoisier.

réunions, et, en un mot, sur toutes les circonstances qui doivent, selon nous, imprimer à cette association les caractères prévus par l'article 291 du Code pénal; qu'il nous soit permis, Messieurs, d'invoquer sur ce dernier point un dernier témoignage dont personne ne recusera la noble autorité.

Nous voulons parler de la déclaration franche et loyale de M. le duc de Broglie, pair de France, qu'on n'accusera jamais, sans doute, de trahir la cause de nos libertés nationales. M. le duc de Broglie, qui avait d'abord enrichi cette société des fruits précieux de sa collaboration, écrivait dans sa lettre du 29 octobre dernier.

« Le Gouvernement vient de dissoudre *la société* » *des Amis de la liberté de la presse. Il en avait le* » *droit*. Si ma mémoire ne me trompe pas, lorsque » cette société s'est formée, *aucune des personnes* » *qui la composent ne se dissimulait la possibilité* » *d'un tel événement.* AUCUN *de ceux qui l'ont ac-* » *cueillie dans leur maison ne se dissimulait non* » *plus qu'il encourait, à la rigueur, les peines* » *portées par l'article 294 du Code pénal;* mais » tous, du moins je le présume, ont pensé comme » moi, que cet article étant très-vague, tant que le » Gouvernement n'interdisait pas de semblables réu- » nions, elles ne pouvaient être considérées comme » un délit.

» Le Gouvernement vient de prononcer. Je res- » pecte sa décision. Cependant s'il était vrai, comme » on me l'assure, que des poursuites fussent enta- » mées contre plusieurs personnes qui ont prêté leur » maison à cette société, il me paraîtrait juste qu'elles

» fussent exercées en même temps, contre tous
» ceux qui les ont provoquées, au même titre, à
» une époque quelconque.

» Bien que depuis la promulgation des dernières
» lois sur la presse, considérant le but que la so-
» ciété s'était proposé comme atteint, j'aie cessé de
» la recevoir chez moi, et d'assister à ses réunions,
» je ne me regarde pas moins comme tenu de faire
» réparation à la loi, si les tribunaux jugent qu'elle
» ait été enfreinte.... »

Nous n'avons point cru, Messieurs, que le noble pair fût passible de la réparation qu'il offre de si bonne volonté à la justice. Il vous indique lui-même les motifs de notre opinion, en vous annonçant dans sa lettre, que depuis la promulgation de la loi sur la liberté de la presse, *il a cessé de recevoir chez lui la société, et même d'assister à ces réunions.*

Nous n'avons point cité non plus devant vous quelques autres personnes qui conviennent aussi d'avoir prêté leur appartement à quelques séances, parce que c'est chez MM. Simon et Gévaudan que se sont tenues en dernier lieu les assemblées les plus nombreuses, celles qui réunissaient au degré le plus éminent les caractères déterminés par la loi.

Notre intention n'était pas d'ailleurs de multiplier les prévenus dans une affaire de cette nature. Il nous importait seulement de fixer le principe.

Vous avez vu qu'à cet égard M. le duc de Broglie nous fait les plus graves concessions dans sa lettre publiée au sujet même de ce procès, et dont il nous est par conséquent bien permis de nous emparer pour cette discussion. Non-seulement il y déclare qu'il a toujours pensé que le Gouvernement avait droit de surveiller et de dissoudre la société; mais il ajoute que ses collègues lui ont paru partager cette conviction.

Il semble, Messieurs, que lorsque les membres de cette même société se trouvent toujours si peu d'accord avec eux-mêmes sur le fait et sur le droit, ils devraient affecter un dédain moins superbe pour des avis et des sentimens émanés de leur propre sein; amis de la liberté de la presse, ils devraient se montrer plus tolérans envers la liberté des opinions.

Cependant, Messieurs, tout en nous accordant le principe, M. le duc de Broglie semble nous refuser le droit de l'appliquer à l'espèce par un motif qu'il est assez difficile de concevoir.

Selon lui, les réunions dont l'article 291 prohibe la clandestinité, ne constituent point de délit, *tant que le Gouvernement ne les poursuit pas....*

Nous répondrons d'abord que le Gouvernement poursuit en cet instant, puisque les prévenus sont devant vous... En supposant que son silence antérieur accusât soit l'indulgence, soit l'incurie de ses mandataires, ce silence n'établirait pas encore la justification d'un fait prohibé par un texte précis de la loi.

Veut-on chercher dans le retard de nos poursuites une sorte de tolérance propre à fonder contre nous une fin de non-recevoir?... Mais d'abord le droit de poursuivre est essentiellement facultatif....

Ce retard peut d'ailleurs s'expliquer par des motifs que les amis de la liberté de la presse seraient eux-mêmes non recevables à contredire. Ainsi, par exemple, leurs réunions tant qu'elles n'ont eu pour objet que les discussions des lois de la presse, n'étaient point de nature à éveiller la sollicitude de l'autorité. Peut-être n'offraient-elles point dans l'ordre matériel de leurs délibérations les traits caractéristiques des associations qualifiées par l'article 291 du Code pénal.

Enfin et lors même que ces réunions auraient été illégales dès le principe, penserait-on prouver que notre action fût aujourd'hui mal fondée, parce qu'elle aurait dû frapper une année plutôt les délinquans?...

Il faudrait tirer de cette dernière proposition une conséquence toute contraire.

Cette action, trop long-temps différée, deviendrait à vos yeux plus juste, plus nécessaire, plus urgente que jamais, et ne se trouverait sûrement combattue par aucune prescription, ni déchéance légale.

On a beaucoup insisté sur l'excellent esprit qui régnait dans ces assemblées. Toutes les opinions, tous les vœux, tous les discours y respiraient, dit-on, aussi-bien la haine des révolutions que l'ardent amour de la liberté.

Nous accueillerons toujours avec plaisir une si honorable profession de foi; nous ne dirons rien qui puisse la rendre douteuse : nous observerons seulement qu'elle est étrangère à l'examen de la prévention qui nous occupe; car nous n'inculpons ici ni les personnes, ni leurs paroles, ni leurs actes; non-seulement nous n'avons point cette mission, mais nous serions sans pouvoir pour la remplir. Il ne s'agit au procès que d'une contravention à une loi de police : et si les faits nous offraient les caractères d'un attentat politique ou d'un délit séditieux, nous ne devrions élever la parole dans cette enceinte que pour proclamer votre incompétence; et requérir le renvoi des prévenus devant les jurés.

Toutefois, nous aimons à le reconnaître, les amis de la liberté de la presse comptaient dans leurs rangs des hommes distingués par leurs talens, recommandables par des services rendus à la patrie, des publicistes élevés par leurs concitoyens aux fonctions de députés, des magistrats honorés même de la confiance du Roi... Mais tous ces titres ne les dispensaient pas sans doute de régulariser leur association en se conformant à la loi.

Ils viennent vous déclarer aujourd'hui qu'ils croyaient tous cette loi inapplicable à leurs assemblées. Vous avez entendu M. de Broglie professer ouvertement une doctrine contraire, et nous avons une trop juste idée des lumières répandues dans cette société, pour croire que le noble pair fût seul de son avis. Cependant Messieurs, nous touchons ici les considérations atténuantes qui militent le plus en faveur des prévenus, et l'impartialité de notre ministère nous impose le besoin de les indiquer. Certes il est de principe que l'erreur de droit ne se présume pas : mais si au milieu de cette foule de jurisconsultes et d'hommes publics, quelqu'un était excusable d'ignorer une disposition de loi dont l'application est heureusement peu familière, c'était surtout M. Gévaudan, tout occupé de grandes spéculations commerciales; c'était encore le colonel Simon, voué de bonne heure à la carrière des armes. et qui ne s'amusait pas sans doute à délibérer au champ d'honneur. Aussi, Messieurs, tout le monde sait bien que nos réquisitions ne menaceront ni leur réputation, ni leur vie, ni leur liberté. C'est donc de la part de quelques-uns de leurs amis un dévouement sans courage, que de venir leur disputer ici un poste sans danger. Leur délit n'est dans le système de nos lois constitutionnelles qu'une omission; la peine qu'ils ont encourue, un simple avertissement; et l'amende dont ils se trouvent passibles, sera même, à leurs propres yeux, une contribution patriotique qu'ils acquitteront envers leur pays, sans honte et sans regret, si elle peut servir à fixer, dans notre jurisprudence, un principe important d'ordre public.

Ici, Messieurs, nous pourrions terminer notre ministère, requérir, purement et simplement, l'application des articles 291 et 294 du Code pénal, dont chaque disposition semble être écrite pour la cause, et céder la parole au jeune défenseur des prévenus (1); les bons principes, l'aménité, les talens qui ont signalé ses premiers succès au barreau nous promettent d'avance qu'imitant la modération dont nous lui avons tracé l'exemple, il saura concilier noblement dans cette occasion, ce qu'il doit à ses cliens, à la justice et à lui-même.

Cependant, Messieurs, nous ne pouvons laisser sans réponse quelques objections que ce jurisconsulte dédaignera peut-être d'élever jusqu'à vous, mais qui ont été hasardées par plusieurs témoins; soit dans l'instruction écrite, soit même à votre audience.

Ces objections ne touchent plus le fait, elles atta-

(1) M. Berville.

quent la loi : elles tendent à vous la présenter comme une mesure de circonstance empreinte du despotisme impérial et tout inconciliable avec la Charte et le régime constitutionnel.

Il nous suffirait d'abord de répondre que si la loi est défectueuse, au Gouvernement seul appartient le droit de la réformer. Ce n'est point ici que les amis de la liberté de la presse pourront naturaliser les habitudes de leurs réunions politiques, où ils contrôlaient et recomposaient à leur manière nos constitutions et nos Codes. Nous sommes placés près ce tribunal pour requérir l'exécution de la loi, et non pour la juger ; mais notre ministère nous impose encore un autre devoir, celui de la faire respecter à vos justiciables, de la défendre et de la venger lorsqu'on vient l'attaquer jusque dans son sanctuaire.

Nous ne nous arrêterons point, Messieurs, à cette qualification impropre de *loi de circonstance* donnée au seul Code pénal qui soit en vigueur en France, et sur l'observation duquel repose désormais toute la sûreté des personnes et des propriétés.

Ce Code nous fut en effet donné par le gouvernement qui précéda la restauration, mais c'est une prétention injurieuse à la France de croire qu'il fut composé pour les caprices d'un homme et les besoins du moment.

Nous le devons aux méditations profondes de ces mêmes jurisconsultes qui fondèrent tout notre corps de droit civil, commercial et criminel. Quelle que soit la date de la naissance de ces Codes, leur promulgation n'en fut pas moins un véritable bienfait public, car ils firent succéder enfin un système de législation uniforme et complet à la bigarrure des coutumes diverses, et à l'incohérence des lois révolutionnaires. Aussi, Messieurs, le Roi, dont le cœur ne fut jamais absent pour sa famille, et qui, du fond de son exil, comptait tous les services rendus à sa patrie, s'identifiait avec nos gloires nationales, épiait tous les germes de prospérité publique qu'il devait mûrir un jour, signala d'abord son retour en France par l'adoption générale des Codes qui nous gouvernent aujourd'hui : il grava dans sa Charte l'article 53 ainsi conçu :

« Le Code civil et les lois actuellement existantes,
» qui ne sont pas contraires à la présente Charte, res-
» tent en vigueur jusqu'à ce qu'il y soit légalement
» dérogé. »

On ne peut donc, Messieurs, attaquer aujourd'hui l'existence des lois maintenues par la Charte ; on ne peut les violer sans attaquer aussi, sans enfreindre la Charte elle-même.

Cependant, Messieurs, c'est précisément sur cette disposition de l'article 68 de la Charte, que M. Voyer-d'Argenson se fonde pour dire et publier que l'article 291 du Code pénal n'existe plus (1). Elle proscrit, dit-il, tout ce qui lui est contraire : or, quoi de plus inconciliable avec le gouvernement constitutionnel, que la défense imposée à des citoyens paisibles de se réunir pour causer de ce qui les intéresse ?

Nous avons déjà démontré que le Code pénal ne proscrit ni la conversation, ni les cercles d'amis : il parle seulement des associations politiques et délibérantes.

(1) Lettre de M. Voyer d'Argenson.

Il n'interdit même pas ces associations ; il les soumet seulement à la surveillance de l'autorité.

Nous demanderons à notre tour ce qu'une aussi sage précaution peut avoir de contraire à la loi fondamentale ?

Cette loi nous a-t-elle placés sous l'égide d'une monarchie tempérée ; ou nous a-t-elle de nouveau restitués aux agitations d'un gouvernement populaire ?

Mais, dans le temps même de la république, on avait senti la nécessité d'arrêter les abus des réunions politiques.

« Le 25 vendémiaire an 3, la Convention nationale a défendu toutes affiliations, agrégations, correspondances en nom collectif, entre sociétés politiques ».

La constitution de l'an 3 (art. 362) prohibe, dans les termes les plus positifs, toute société particulière qui s'occuperait de questions politiques, et qui entretiendrait des correspondances et des affiliations avec une autre société.

Une loi de thermidor an 5 retrace les mêmes dispositions.

Quoi ! l'on ne pourrait supporter, sous le Roi, les faibles entraves que respectait même le siècle de la licence ? Quoi ! l'on refuserait au gouvernement royal des moyens employés par la république elle-même, pour résister à l'anarchie ?

Allons plus loin, Messieurs : non-seulement la surveillance des associations politiques, n'a rien d'incompatible avec la Charte ; mais c'est précisément dans l'ordre d'un gouvernement constitutionnel et représentatif que cette surveillance doit être plus sévère ;

Que ces associations sont moins utiles ;

Qu'elles peuvent devenir plus dangereuses.

Elles sont moins utiles :

Quel est en effet le but apparent de leurs membres? Ils se réunissent, disent-ils, afin de veiller à la conservation de nos libertés, d'obtenir l'exécution entière du pacte fondamental et le perfectionnement de nos institutions. Mais le gouvernement lui-même nous convoque tous les ans dans des assemblées régulières pour y nommer des mandataires que nous chargeons de défendre nos droits, nos libertés et nos institutions. Ces mandataires ne seront-ils pas convoqués à leur tour dans la chambre législative, où tous les intérêts nationaux vont être publiquement discutés, où toutes les propositions utiles recevront leur développement. Et, lorsqu'à la concession de si puissantes garanties, le Gouvernement joint encore le droit de pétition, la liberté illimitée de la presse, comme pour mieux attirer à lui l'expression de tous les vœux, de toutes les plaintes, de tous les besoins du peuple, est-il donc nécessaire au bien public que des citoyens sans mandat, sans caractère et sans pouvoir, se réunissent dans des comités politiques pour se livrer à la parodie des formes et des discussions spécialement attribués aux corps délibérans de l'État, pour exercer directement eux-mêmes les droits qu'ils ont délégué à leurs représentans? Ces réunions ne sont-elles pas complètement inutiles et même contraires au maintien du système représentatif?....

Nous avons dit encore qu'elles pourraient devenir dangereuses.

Ce n'est, Messieurs, ni dans l'histoire des anciens, ni dans les crimes encore flagrans de quelques affiliations mystérieuses d'Allemagne, que nous chercherons des exemples pour établir cette seconde proposition.

L'expérience de nos propres malheurs n'est que trop féconde en terribles leçons.

Ouvrons nos fastes révolutionnaires : c'est là que les dangers des associations politiques sont écrits en traits de sang.....

Et qu'on n'espère point nous montrer ici le préservatif des mêmes périls dans le caractère honorable, dans les intentions et les sentimens des membres actuels de l'association attaquée.

Vous nous parlez du présent, dirions-nous. La loi toute préventive ne dispose ici que pour des malheurs à venir.

Vous répondrez de vous-mêmes, de vos fondateurs; mais oseriez-vous répondre également de vos successeurs et de vos futurs émules? On les nommait aussi les apôtres du genre humain, les défenseurs de nos droits, ces zélateurs de la liberté, qui créèrent les premières associations délibérantes de 89. Ils n'exprimaient d'abord que des vœux légitimes pour la réformation de quelques abus, que depuis, la Charte a fait disparaître. Jamais peut-être les vertus publiques et privées, les affections les plus généreuses ne parlèrent un langage aussi éminemment français que dans ces patriotiques réunions.

Quel fruit cependant leur zèle a-t-il produit pour l'intérêt du pays et pour eux-mêmes?

Leurs assemblées, d'abord modestes et paisibles s'accrurent insensiblement par des affiliations nombreuses qui en changèrent la direction. Elles devinrent ensuite tumultueuses et menaçantes; elles étendirent leurs ramifications dans nos provinces avec d'autres sociétés dont l'audace toujours croissante avec nos désastres, finit par s'élever au-dessus des lois et de tous les pouvoirs constitués.....

Que pouvait alors le petit nombre de bons Français que l'amour du bien public avait seul rapprochés? Ils n'étaient plus assez forts pour arrêter le torrent des passions qu'ils avaient déchaînées; ils reculèrent d'épouvante à l'aspect de tous ces foyers permanens d'anarchie; mais la fureur des partis les poursuivit eux-mêmes jusque dans leurs retraites; et ils ne tardèrent point à trouver leurs bourreaux parmi les frères qu'ils avaient imprudemment reçus dans leursein.

Oublions donc ici les hommes; ne voyons que les choses : la loi ne fait acception de personne; elle doit être égale pour tous. Si vous accordiez aujourd'hui le droit de la violer aux amis de la liberté de de la presse, parce qu'ils vous sembleraient animés des meilleurs principes, demain vous ne pourriez plus l'exécuter contre les ennemis du Roi et de la patrie; demain les factieux pourraient ressusciter sur tous les points de la France, de véritables comités insurrecteurs qui auraient aussi leurs correspondances et leurs affiliations : ces comités s'appliqueraient chaque jour à diffamer nos lois, à lancer en nom collectif les pétitions les plus irritantes

Nous avons dit encore qu'elles pourraient devenir dangereuses.

Ce n'est, Messieurs, ni dans l'histoire des anciens, ni dans les crimes encore flagrans de quelques affiliations mystérieuses d'Allemagne, que nous chercherons des exemples pour établir cette seconde proposition.

L'expérience de nos propres malheurs n'est que trop féconde en terribles leçons.

Ouvrons nos fastes révolutionnaires : c'est là que les dangers des associations politiques sont écrits en traits de sang.....

Et qu'on n'espère point nous montrer ici le préservatif des mêmes périls dans le caractère honorable, dans les intentions et les sentimens des membres actuels de l'association attaquée.

Vous nous parlez du présent, dirions-nous. La loi toute préventive ne dispose ici que pour des malheurs à venir.

Vous répondrez de vous-mêmes, de vos fondateurs; mais oseriez-vous répondre également de vos successeurs et de vos futurs émules? On les nommait aussi les apôtres du genre humain, les défenseurs de nos droits, ces zélateurs de la liberté, qui créèrent les premières associations délibérantes de 89. Ils n'exprimaient d'abord que des vœux légitimes pour la réformation de quelques abus, que depuis, la Charte a fait disparaître. Jamais peut-être les vertus publiques et privées, les affections les plus généreuses ne parlèrent un langage aussi éminemment français que dans ces patriotiques réunions.

Quel fruit cependant leur zèle a-t-il produit pour l'intérêt du pays et pour eux-mêmes?

Leurs assemblées, d'abord modestes et paisibles s'accrurent insensiblement par des affiliations nombreuses qui en changèrent la direction. Elles devinrent ensuite tumultueuses et menaçantes; elles étendirent leurs ramifications dans nos provinces avec d'autres sociétés dont l'audace toujours croissante avec nos désastres, finit par s'élever au-dessus des lois et de tous les pouvoirs constitués.,...

Que pouvait alors le petit nombre de bons Français que l'amour du bien public avait seul rapprochés? Ils n'étaient plus assez forts pour arrêter le torrent des passions qu'ils avaient déchaînées; ils reculèrent d'épouvante à l'aspect de tous ces foyers permanens d'anarchie; mais la fureur des partis les poursuivit eux-mêmes jusque dans leurs retraites; et ils ne tardèrent point à trouver leurs bourreaux parmi les frères qu'ils avaient imprudemment reçus dans leursein.

Oublions donc ici les hommes; ne voyons que les choses : la loi ne fait acception de personne; elle doit être égale pour tous. Si vous accordiez aujourd'hui le droit de la violer aux amis de la liberté de de la presse, parce qu'ils vous sembleraient animés des meilleurs principes, demain vous ne pourriez plus l'exécuter contre les ennemis du Roi et de la patrie; demain les factieux pourraient ressusciter sur tous les points de la France, de véritables comités insurrecteurs qui auraient aussi leurs correspondances et leurs affiliations : ces comités s'appliqueraient chaque jour à diffamer nos lois, à lancer en nom collectif les pétitions les plus irritantes dans les chambres, à déverser le mépris sur les dépositaires de l'autorité pour énerver l'action publique, et créer, en quelque sorte, un autre gouvernement au sein même du Gouvernement. L'intrigue et la cabale semeraient partout les calomnies, les divisions et les haines au moment des élections, afin d'y maîtriser les choix; elles ne laisseraient plus entrer dans l'urne de nos destinées politiques, que les terribles noms des fauteurs mêmes de nos troubles; les ennemis de l'ordre passeraient bientôt sans obstacles des clubs de l'anarchie dans le sanctuaire des lois, et nous verrions encore se rouvrir sous nos pas l'abyme des révolutions qu'une main tutélaire avait cru fermer pour jamais.

Non, Messieurs, il n'en sera point ainsi. Vous éloignerez, autant qu'il est en vous de le faire, le danger de pareils désordres; vous donnerez dans cette occasion un exemple utile pour l'avenir, désiré par tous les gens de bien, peu redoutable aux prévenus qui ne pourront eux-mêmes s'empêcher d'applaudir, au fond de leur cœur, les sages motifs de votre décision.

Quant à nous, Messieurs, obligés de développer en ce jour les rigueurs de la loi contre une association composée de tant d'hommes considérables, et revêtus même d'un caractère public....... nous avons besoin de chercher, en finissant, le prix de nos efforts, et le charme de nos regrets, dans la conscience de nos devoirs et le sentiment de l'intérêt général........ Puissions-nous, Messieurs, ne plus avoir à remplir ce douloureux ministère dans de pareilles circonstances! puissent les prévenus, leurs amis, ne point oublier désormais que les sentimens les plus honorables dans leur principe deviennent quelquefois répréhensibles et dangereux dans leurs excès! puissent enfin, tous les citoyens réconciliés, sacrifier mutuellement au culte de la patrie quelque chose des opinions qui les divisent. Après trente ans d'orages, nous avons touché le port, nous avons vu luire enfin sur notre pays l'aurore de cette liberté que les Français poursuivirent vainement à travers mille maux, qu'ils abandonnèrent quelque temps pour la gloire, et que le roi constitutionnel leur a seul rendue. Nous avons vu les plus nobles institutions s'élever en France sur l'impérissable base du gouvernement représentatif. Certes, Messieurs, nous sommes loin de vouloir réprimer l'attachement et le zèle qui doivent environner ces institutions; elles sont les plus beaux titres de notre gloire nationale et les garanties certaines de la félicité publique; mais est-ce donc assurer leur existence que de les croire sans cesse en péril? Faut-il toujours sonner l'alarme et créer une agitation factice au sein du bonheur et de la paix? Ce qui fait le prix de nos institutions, c'est qu'elles portent en elles-mêmes les gages de leur durée avec le principe de leur perfectionnement. Le meilleur moyen de les conserver est donc de nous en montrer dignes par notre reconnaissance pour leur auteur, par notre amour de l'ordre et notre respectueuse soumission aux lois.

M. l'avocat du Roi a terminé en requérant contre la condamnation de 200 fr. d'amende, et la clôture de la société dite les prévenus des *amis de la liberté de la presse*.

dans les chambres, à déverser le mépris sur les dépositaires de l'autorité pour énerver l'action publique, et créer, en quelque sorte, un autre gouvernement au sein même du Gouvernement. L'intrigue et la cabale semeraient partout les calomnies, les divisions et les haines au moment des élections, afin d'y maîtriser les choix; elles ne laisseraient plus entrer dans l'urne de nos destinées politiques, que les terribles noms des fauteurs mêmes de nos troubles; les ennemis de l'ordre passeraient bientôt sans obstacles des clubs de l'anarchie dans le sanctuaire des lois, et nous verrions encore se rouvrir sous nos pas l'abyme des révolutions qu'une main tutélaire avait cru fermer pour jamais.

Non, Messieurs, il n'en sera point ainsi. Vous éloignerez, autant qu'il est en vous de le faire, le danger de pareils désordres; vous donnerez dans cette occasion un exemple utile pour l'avenir, désiré par tous les gens de bien, peu redoutable aux prévenus qui ne pourront eux-mêmes s'empêcher d'applaudir, au fond de leur cœur, les sages motifs de votre décision.

Quant à nous, Messieurs, obligés de développer en ce jour les rigueurs de la loi contre une association composée de tant d'hommes considérables, et revêtus même d'un caractère public....... nous avons besoin de chercher, en finissant, le prix de nos efforts, et le charme de nos regrets, dans la conscience de nos devoirs et le sentiment de l'intérêt général....... Puissions-nous, Messieurs, ne plus avoir à remplir ce douloureux ministère dans de pareilles circonstances! puissent les prévenus, leurs amis, ne point oublier désormais que les sentimens les plus honorables dans leur principe deviennent quelquefois répréhensibles et dangereux dans leurs excès! puissent enfin, tous les citoyens réconciliés, sacrifier mutuellement au culte de la patrie quelque chose des opinions qui les divisent. Après trente ans d'orages, nous avons touché le port, nous avons vu luire enfin sur notre pays l'aurore de cette liberté que les Français poursuivirent vainement à travers mille maux, qu'ils abandonnèrent quelque temps pour la gloire, et que le roi constitutionnel leur a seul rendue. Nous avons vu les plus nobles institutions s'élever en France sur l'impérissable base du gouvernement représentatif. Certes, Messieurs, nous sommes loin de vouloir réprimer l'attachement et le zèle qui doivent environner ces institutions; elles sont les plus beaux titres de notre gloire nationale et les garanties certaines de la félicité publique; mais est-ce donc assurer leur existence que de les croire sans cesse en péril? Faut-il toujours sonner l'alarme et créer une agitation factice au sein du bonheur et de la paix? Ce qui fait le prix de nos institutions, c'est qu'elles portent en elles-mêmes les gages de leur durée avec le principe de leur perfectionnement. Le meilleur moyen de les conserver est donc de nous en montrer dignes par notre reconnaissance pour leur auteur, par notre amour de l'ordre et notre respectueuse soumission aux lois.

M. l'avocat du Roi a terminé en requérant contre la condamnation de 200 fr. d'amende, et la clôture de la société dite les prévenus des *amis de la liberté de la presse.*

DÉFENSE

DE MM. GÉVAUDAN, ET SIMON-LORIÈRE, COLONEL;

PAR M. BERVILLE, AVOCAT.

TRIBUNAL DE POLICE CORRECTIONNELLE,

Audience du 18 décembre 1819.

MESSIEURS,

LORSQUE, sous les auspices de la confiance et de l'amitié, des citoyens paisibles, parmi lesquels je m'honore de pouvoir être compté, se réunissaient, à des jours qui n'étaient ni *marqués* ni *certains*, pour s'éclairer, dans des entretiens où régnaient la modération, la décence et la bonne foi, sur des questions que la Charte a livrées à la méditation de tous les Français; lorsqu'ils voyaient des pairs de

France, des députés, des membres de cours souveraines, s'empresser à ces réunions; l'autorité, instruite de leur existence, s'abstenir de toute réclamation sur leur légalité; des journaux avoués par elle en proclamer l'innocence; lorsqu'ils entendaient les ministres reproduire leurs principes à la tribune législative; lorsqu'une foule de réunions, peut-être moins inoffensives, à coup sûr moins ostensibles, se propageaient sur toute la France, autorisées par le silence du pouvoir; certes, ces citoyens étaient loin de penser que leurs réunions fussent illégales, et qu'en déférant aux invitations de l'amitié, ils se rendissent en quelque sorte complices d'un délit *contre la paix publique*. Etait-ce ignorance de leur part? J'ai quelque peine à le croire, et ce n'est pas là, du moins je l'imagine, le crime dont on essaie de les charger. D'autre part, l'autorité a-t-elle, pendant des années, négligé ses devoirs, en tolérant l'infraction publique des lois qu'elle est chargée de protéger? Il m'est impossible d'admettre cette idée. Pourquoi donc des foudres si longtemps retenues viennent-t-elles enfin d'éclater? pourquoi des citoyens honorables se voient-ils troubler tout-à-coup dans l'exercice des plus simples droits, ceux de l'hospitalité et des communications intellectuelles ? pourquoi une défense, qui ne fut jamais exécutée, même sous le pouvoir absolu, se réveille-t-elle après deux ans de sommeil sous le règne de la liberté constitutionnelle ? pourquoi ses termes, déjà rigoureux, sont-ils encore aggravés par une interprétation que la raison désavoue, que la Charte repousse et que la législation pénale ignore ? pourquoi, seules entre tant de réunions plus menaçantes, leurs paisibles réunions deviennent-elles l'objet de cette sévérité tardive ? C'est une énigme que je n'essaierai point d'expliquer : il me suffira de prouver, pour ma défense, que, sous aucun rapport, la loi invoquée contre MM. Gévaudan et Simon ne leur est applicable ; que, soit qu'on se borne à consulter le texte du Code pénal, soit qu'on interroge l'esprit de notre système constitutionnel, les poursuites dirigées contre eux sont également repoussées par la loi particulière et par la loi fondamentale ; que les accueillir, serait consacrer un principe destructif et du régime représentatif, et de toute liberté sociale.

Aussi, dans ce moment, c'est moins leur propre cause qu'ils viennent défendre, que la cause commune de tous les Français; s'ils combattent, c'est moins contre l'application d'une faible amende que contre l'admission d'un principe funeste à nos franchises nationales; s'ils usent pour leur défense de toutes les armes que leur fournit la législation, c'est pour conserver à leurs concitoyens l'usage d'une faculté légitime, et sans laquelle, ainsi que je le prouverai, la constitution représentative ne serait qu'un bienfait illusoire.

Après quinze années d'un pesant despotisme, une charte, fondée sur les principes de la liberté et de la monarchie légales, vient donner à la France une nouvelle existence politique. Son apparition devient le gage d'une régénération désirée dans notre système législatif, vicié par l'influence du pouvoir absolu. Dès ce moment, une tendance universelle vers les questions politiques et législatives s'empare des esprits : elles deviennent le texte de tous les écrits, de toutes les discussions, de toutes les conversations particulières. Dans ces circonstances, quelques citoyens, que rapprochaient leurs opinions et leur amour pour l'ordre constitutionnel, se trouvent réunis dans des salons où les appelaient l'amitié et la conformité de leurs principes ; quelques amis de la Charte, et particulièrement M. le duc de Broglie, membre de la chambre des pairs, se font tour-à-tour un plaisir de les rassembler chez eux. Là, comme autrefois la littérature était l'occupation habituelle de quelques cercles choisis, dont le nom est parvenu jusqu'à nous, la politique et la législation deviennent la matière des entretiens. On discute, on s'éclaire, on s'occupe d'approfondir les principes des institutions sociales, surtout de celles qu'attend notre patrie. Des publicistes, des orateurs, des mandataires de la nation viennent apporter et recueillir des lumières dans ces conversations instructives. Quelquefois on se livre à des actes de bienfaisance. Du reste, nul mystère, nulle clandestinité. L'autorité est instruite de ces réunions (je veux ignorer par quels moyens); elle en est instruite; elle le déclare; elle déclare en même temps *qu'on ne s'y écarte point des bornes d'une sage modération*. Elle fait plus : M. de Broglie avait lu dans ces soirées un travail sur *la législation de la presse :* il y avait recueilli sur cet ouvrage les conseils d'hommes éclairés : des améliorations nombreuses avaient été le résultat de ces conférences. L'autorité se rapproche de lui, sollicite, obtient la communication de son travail, en fait la base d'un projet de loi qu'elle présente à la discussion des Chambres, et qui depuis, converti en loi, a pris place dans le recueil de nos institutions. Tout semblait annoncer que, non-seulement ces réunions ne lui paraissaient point illégales, mais que même elle ne les voyait point avec déplaisir. Tout-à-coup éclate un orage imprévu : des mandats sont lancés, des commissaires de police, des huissiers sont en marche, et MM. Gévaudan et Simon, seuls privilégiés entre tant d'autres coupables, apprennent, à leur grand étonnement, qu'en recevant leurs amis, ils ont commis un délit contre *la paix publique*, et encouru les peines portées par les art. 291 et 294 du Code pénal.

Ils se font alors une demande fort naturelle : si ces réunions sont illicites, pourquoi les a-t-on laissé subsister si long-temps ? Si elles ne le sont pas, pourquoi les poursuit-on aujourd'hui ?

Ils se demandent encore : si leur objet est

répréhensible, pourquoi proclamer qu'il ne l'était pas ? S'il ne l'était pas en effet lors de cette proclamation, que s'est-il passé depuis qui ait pu en changer le caractère ?

Ils se demandent enfin : si l'innocence de ces réunions fut un motif de fermer les yeux sur leur illégalité prétendue, pourquoi n'en est-ce plus un aujourd'hui ?

Je l'avoue, il me semble difficile de faire à ces questions une réponse satisfaisante. Cependant, nous voici en face du tribunal : le ministère public a requis l'application de la loi : voyons donc si la loi est réellement applicable.

Le délit imputé à MM. Gévaudan et Simon, est défini par l'art. 294 du Code pénal : « Tout « individu, porte cet article, qui, sans la « permission de l'autorité municipale, aura « accordé ou consenti l'usage de sa maison « ou de son appartement, en tout ou partie, « pour la réunion des membres d'une *asso-* « *ciation* même autorisée, ou pour l'exercice « d'un culte, sera puni d'une amende de 16 fr. « à 200 fr. »

L'art. 294 se réfère, pour l'intelligence de

son texte, à l'art. 291, ainsi conçu : « Nulle « *association* de plus de vingt personnes, « dont le but sera de se réunir tous les jours « ou à certains jours marqués, pour s'occuper « d'objets religieux, littéraires, politiques ou « autres, ne pourra se former qu'avec l'agré- « ment du Gouvernement, et sous la condition « qu'il plaira à l'autorité publique d'imposer « à la société. »

On voit que le concours de deux conditions est nécessaire pour constituer le délit. 1° Il faut qu'il existe une *association;* 2° il faut que cette association *ait pour but de se réunir tous les jours ou à certains jours marqués.*

Sans la réunion *tous les jours* ou *à certains jours marqués*, le fait d'une *association* serait insignifiant. J'établirai même que, sans cette condition, il ne saurait y avoir d'association proprement dite.

Sans l'existence d'une *association*, la réunion *à certains jours marqués* serait également insignifiante ; à moins qu'on ne voulût traduire devant la police correctionnelle mille citoyens recommandables, qui reçoivent à jours fixes, et jusqu'aux ministres eux-mêmes,

L'accusation avait donc deux points à prouver : elle devait établir, 1° l'existence d'une association à laquelle MM. Gévaudan et Simon auraient prêté leur domicile; 2° la réunion de cette association tous les jours ou à certains jours marqués.

Pour arriver à cette double preuve, quels élémens de conviction vous a-t-on présentés ? L'aveu des prévenus ? ils nient formellement l'existence d'une association. Des pièces authentiques, les procès-verbaux de l'association, ses registres, ses statuts ? on est forcé d'avouer qu'il n'en existe pas. Des témoignages ? quatre-vingts témoins ont été entendus ; pas un ne dépose dans le sens de l'accusation, tous lui donnent un démenti formel, tous déclarent n'avoir point connu d'association.

Concevez-vous, messieurs, qu'on puisse construire l'édifice d'une accusation, sans l'appuyer d'un seul témoignage ? N'a-t-il pas fallu tout le talent, toutes les grâces d'élocution de l'orateur du ministère public, pour donner à une accusation semblable quelque faible apparence de consistance ? Quoi ! vous accusez : vous devez justifier votre accusation : vous avez tout à prouver : et vous ne pouvez produire un seul témoin à charge ! Ceux que vous aviez appelés contre nous déposent pour nous : les témoins de l'accusation deviennent des témoins à décharge : ce fait essentiel, ce fait fondamental, de l'existence d'une association, vous ne pouvez trouver une seule déposition pour l'établir, et nous en trouvons quatre-vingts pour le renverser ; et parmi ces déclarations qui vous combattent, vous voyez celles-là même que vous aviez provoquées, celles qui devaient faire la base, et la base unique de l'accusation : et c'est ainsi que vous établissez le délit !

Encore une fois, quels élémens de preuve vous offre le ministère public ? des articles de journaux : singulier genre de preuve ! une lettre de M. Fabreguettes ; le ministère public a refusé de l'entendre comme témoin, quoiqu'il se présentât pour déposer : une lettre de M. de Broglie, qui *pense* que le Gouvernement *avait le droit* de dissoudre ce qu'il lui plaît d'appeler *la société des amis de la liberté de la presse* : Que prouve cette lettre ? l'opinion du noble pair sur un point de droit. Or, en rendant un juste hommage à ses lumières, on peut récuser son opinion sur une question légale. Quel est ici le jugement qu'on vous demande? on veut que vous prononciez : *attendu que M. le duc de Broglie a pensé que les réunions dont il s'agit constituaient une association, et que le Gouvernement avait le droit de la dissoudre ; le tribunal condamne MM. Gévaudan et Simon à l'amende et aux dépens*. De bonne foi, est-ce sérieusement qu'on vous tient ce langage ?

Quand j'accorderais que ces journaux, ces feuilles fugitives, ces lettres, méritent quelqu'attention de votre part, serait-ce là du moins une preuve complète? jugez-vous sur des dépositions écrites? Et que seraient ici ces lettres, ces articles? des dépositions écrites, tout au plus. Mais la déposition écrite n'est rien tant qu'elle n'est point confirmée par le débat oral. Elle ne sert que de simple renseignement : il faut que les témoins viennent reproduire à l'audience ces premières déclarations. Ils peuvent les modifier, les expliquer, les rétracter : ils peuvent même, s'il s'agit d'une lettre, la méconnaître et désavouer la signature. C'est dans le débat seul que le juge puise les motifs de sa conviction : or, les auteurs du *Censeur Européen* et des *Lettres*

Normandes ont formellement contredit à votre audience les inductions que le ministère public voudrait tirer de leurs articles. M. Fabreguettes n'a point été interpellé de s'expliquer sur la lettre dont on veut tirer argument contre nous : M. l'avocat du Roi a renoncé à son témoignage. M. le duc de Broglie n'a pas même été assigné par le ministère public : c'est nous qui l'avions appelé ; nous avons bien voulu nous désister de notre assignation ; ce noble pair n'a point figuré dans le débat oral : vous ne savez donc s'il avoue la lettre qu'on lui attribue : vous ne savez si les explications qu'il aurait à donner ne détruiraient pas les conséquences qu'on essaie d'en induire.

Répétons-le donc. L'accusation ne repose sur rien, absolument sur rien, et dès-lors, je pourrais borner là ma défense.

Toutefois, messieurs, puisque le ministère public vous a parlé de réticences, de mystère ; puisqu'on fait un reproche aux témoins de n'avoir pas déposé suivant le désir de l'accusation, et que, ne pouvant s'autoriser de leurs paroles, on accuse leur silence, je veux me défendre avec générosité. J'accorderai donc à l'accusation tout ce qu'elle demande : je tiendrai pour constant tout ce qu'elle a supposé (sauf quelques modifications que je ferai connaître); et dans cette hypothèse, je repousserai encore l'application de la loi dont elle provoque contre nous la rigueur.

Avant d'aborder cette partie de la discussion, il n'est peut-être pas sans intérêt d'examiner quelle intention a présidé à la rédaction des articles 291 et suivans du Code pénal. Peut-être serez-vous étonnés de l'application qu'on en fait aujourd'hui.

C'était alors l'époque des divisions entre le chef de l'État et le chef de l'Église romaine. Une forte opposition aux mesures impériales se manifestait parmi les fidèles. Des congrégations, des associations se formaient en beaucoup d'endroits, dans un esprit de résistance: On leur donnait, je crois, le nom de *petite église*. Le gouvernement d'alors aimait peu la contradiction. Il voulut dissoudre cette opposition, et il lui parut tout simple d'introduire dans le Code pénal, que l'on rédigeait alors, une disposition contre *les associations de plus de vingt personnes, ayant pour but de se réunir*, etc..... Quand la notoriété publique ne nous attesterait pas cette intention du législateur impérial, la rédaction de la loi suffirait pour la manifester. D'abord, en énumérant les objets dont il ne permet pas qu'on s'occupe, le rédacteur met en première ligne *les objets religieux :* les objets *littéraires*, *politiques ou autres* ne sont là qu'un complément ajouté pour rendre toute évasion impossible. Poursuivons. Les associations religieuses se rassemblent, ou tous les jours, ou dans des jours consacrés au culte, lesquels, étant invariablement déterminés par le rite, sont toujours *certains* et *marqués*. Ainsi, les congrégations du culte catholique se réunissent *le dimanche :* ce jour est *marqué*, cette désignation étant fixe : il est également *certain*, le dimanche ne variant pas dans ses retours, et revenant périodiquement de huitaine en huitaine. Delà cette prohibition spéciale de se réunir, *ou tous les jours*, *ou à certains jours marqués ;* les associations qu'on voulait rompre étant, de leur nature, quotidiennes ou périodiques.

Dans les assemblées religieuses, on pouvait enflammer les esprits par des prédications. De là encore l'art. 293, qui veut que « Si « par discours, exhortations, invocations ou « prières, il a été fait dans ces assemblées

« quelque provocation à des crimes ou à des « délits, la peine soit de.... etc. » *Exhortations, invocations*, *prières;* tous ces mots appartiennent exclusivement au rite religieux : *en quelque langue que ce soit;* on sait que les *prières* et les *invocations*, dans le culte catholique, n'ont pas lieu en langue vulgaire : on craignait que par là la loi ne fût éludée.

Enfin, l'art. 294 punit « tout individu qui, « sans la permission de l'autorité municipale, « aura accordé ou consenti l'usage de sa mai- « son, etc..... pour la réunion des membres « d'une association, *même autorisée*, ou POUR « L'EXERCICE D'UN CULTE. *Pour l'exercice d'un culte;* ces derniers mots n'ont pas besoin de commentaire. Quant à ceux-ci : *une association* MÊME AUTORISÉE, voici l'explication. Les vœux monastiques avaient été rétablis; des communautés religieuses avaient été autorisées; cependant, dans les circonstances, elles donnaient de l'ombrage : de là, la disposition de l'art. 294.

Ainsi, c'est une loi de circonstance, portée par le despotisme impérial contre les associations religieuses, que l'on voudrait appliquer, sous la monarchie constitutionnelle, à des réunions dont l'objet est totalement étranger aux affaires ecclésiastiques !

Vous connaissez maintenant l'esprit général de la loi : passons à ses dispositions textuelles.

Nous avons vu que, pour autoriser l'application de l'art. 291, deux conditions sont nécessaires : l'existence d'une association, et sa réunion à certains jours marqués. Voyons d'abord si la première est remplie ; si, dans l'hypothèse même du ministère public, la réunion d'un certain nombre de personnes chez MM. Gévaudan et Simon constitue une *association*, surtout dans le sens légal et politique de ce mot.

Qu'est-ce qu'une association ? Un être collectif et moral, organisé, jouissant d'une vie commune, d'une volonté commune, marchant par une action commune vers un but commun, ayant enfin son MOI particulier.

Pour la constituer, que faut-il ? un but et l'engagement de la part des associés d'y concourir, des chefs, des signes de ralliement ou de reconnaissance, des procès-verbaux, des registres de délibérations, des archives.

Il faut *un but*. Pourquoi vous associez-vous ? pour concourir à un objet commun. Il est donc nécessaire, pour que le concours soit possible, que l'objet soit déterminé. Ainsi, les sociétés de commerce ont pour but des opérations commerciales; les sociétés de *la vaccine* et de *l'enseignement mutuel*, la propagation de la vaccine et de *l'enseignement mutuel;* l'association *des Amis de la vertu* avait pour but d'affranchir l'Allemagne d'une domination étrangère; les sociétés *de Jésus* et *du Soleil*, de faire une contre-terreur. Dans toutes ces associations, si différentes par leur nature, je vois toujours un objet certain, un résultat à obtenir.

La détermination d'un but ne serait rien encore, si, au moment de leur admission, les associés ne contractaient mutuellement *l'engagement d'y concourir*. C'est cet engagement qui seul forme le lien social. Aussi, parcourez tous les genres d'associations, politiques, religieuses, littéraires, commerciales, industrielles, économiques, celles dont l'objet est le plaisir, celles dont le but est la bienfaisance : partout vous trouverez ce nœud, sans lequel divergeraient tous les efforts, sans lequel l'action sociale manquerait de l'unité qui lui est essentielle.

Mais pour marcher vers ce but, il faut un principe moteur, un centre d'action ; il faut des *chefs, directeurs* ou *administrateurs.* Comment, sans chefs, l'association pourrait-elle subsister ? Comment surtout pourrait-elle agir ? Concevez-vous un état sans gouvernement ? non. Concevez-vous davantage une société sans chefs ? une société sans chefs serait une société dissoute. La loi qu'on nous oppose le reconnaît elle-même : lisez l'article 292 : « Toute association, etc., sera dissoute ; *les* » *chefs, directeurs et administrateurs* seront » punis d'une amende..... » Lisez encore l'art. 293 : « S'il a été fait dans ces assemblées » quelques provocations à des crimes ou dé- » lits, la peine sera de..... contre les *chefs,* » *directeurs et administrateurs* de ces asso- » ciations. » Vous le voyez, la loi suppose des *chefs, directeurs et administrateurs ;* c'est contre eux qu'elle prend sa garantie ; ce sont eux qu'elle rend responsables pour l'association. Et remarquez qu'elle ne dit pas : *S'il existe des chefs, ils seront punis ;* elle dit positivement : *Les chefs seront punis.* Sa dispoistion n'est pas éventuelle ; elle est absolue. La loi compte sur des chefs, parce que sans chefs, point d'association possible. Autrement, sa prohibition serait illusoire; elle manquerait de sanction pénale, puisqu'il n'y a de peine prononcée, au moins dans le premier cas, que contre les *chefs, directeurs et administrateurs*.

Il faut encore *un signe de ralliement ou de reconnaissance* qui mette en rapport les membres de l'association, et les marque les uns aux yeux des autres d'un sceau particulier. Ainsi les francs-maçons ont entre eux des signes de reconnaissance : ainsi l'ordre des *Francs régénérés*, association que l'autorité a dissoute et non poursuivie, avait adopté, comme signe de ralliement, une décoration affectée exclusivement à ses membres.

Une association ne peut exister qu'à des conditions quelconques, que sous un mode convenu. Il faut donc des *statuts*, des *réglemens;* autrement, ce n'est plus qu'une réunion fortuite, sans objet, sans organisation, sans rien enfin de ce qui constitue l'*être moral:* car, pour qu'un être, physique ou moral, puisse exister, il faut qu'il soit organisé : c'est la condition *sine quâ non*.

Enfin il faut des *procès-verbaux*, des *re-*

gistres de délibérations, des *archives*. Ils sont à l'être moral qu'on nomme association, ce qu'est la mémoire aux êtres réels : ils continuent son existence : ils déterminent son identité : ils donnent de la suite à ses volontés, de l'unité à ses actions. Ce sont eux qui constituent le MOI.

Maintenant j'adjure et le ministère public et tous les témoins présens à cette audience, de déclarer s'ils ont reconnu l'existence d'une seule de ces conditions dans les réunions dont il s'agit. Des chefs, directeurs ou administrateurs ? nommez-les. Un but ? quel était-il ? un engagement ? on n'allègue rien de semblable. Un signe de ralliement ? on sait bien qu'il n'en a jamais existé. Des statuts ? il n'en est pas question. Des registres ? qu'on nous les représente. Des procès-verbaux ? il en existe, mais dans les cartons de la police : c'est elle qui nous envoie des secrétaires.

En continuant de passer en revue les caractères constitutifs d'une *association*, j'oppose encore à l'autorité les aveux de l'autorité elle-même. Une réunion semblable à celles qui font l'objet du procès avait eu lieu chez M. Manuel, membre de la Chambre des députés : les journaux ultra-royalistes s'indignent, accusent ce qu'ils appellent *la faiblesse du Gouvernement* : l'autorité répond par les lignes suivantes, qu'elle insère dans le journal *officiel* :

« Qu'a fait M. le procureur du roi, en citant M. Gévaudan et M. le colonel Simon? » il leur a dit sans doute : Voici la loi sur les » réunions politiques; or, une réunion essentiellement politique existe, et elle existe, » non pas sous votre garantie personnelle, ni » *sous l'inviolabilité de vos foyers domestiques*, mais dans des appartements auxquels vous prêtez seulement votre nom, » *dans un local où vous ne pouvez vous* » *présenter vous-mêmes qu'à des conditions* » *indépendantes de votre volonté* ; vous n'y » avez pas *le droit d'y maintenir l'ordre* ; » vous n'y pouvez pas enfin, comme le père » de famille, dire à qui que ce soit : Sortez de » chez moi. Donc cette réunion *n'offre aucune garantie*, quoiqu'elle soit fictivement » sous votre nom; *donc elle est soumise à* » *celle de la loi.*

» Maintenant, si M. Manuel ou tout autre » citoyen réunit *la même* société *chez lui* » *personnellement*, l'existence politique de

» cette société n'a-t-elle aucune différence ?
» *aura-t-elle son existence propre et collec-*
» *tive*, ou sera-t-elle dépendante de la volonté
» de celui qui la reçoit ?

» De deux choses l'une : ou une association
» se forme sous les auspices et sous la direction
» exclusive d'un citoyen ; alors elle est sans
» danger, car, de sa nature, elle ne peut sub-
» sister ; ou elle se réunit *dans un lieu qui*
» *lui appartient*, *sous une constitution par-*
» *ticulière*, à des conditions communes à
» tous ses membres ; alors, elle est soumise à
» la surveillance du Gouvernement, qui la
» dissout si elle est dangereuse, et qui la to-
» lère *si elle peut ne pas l'être*. (Ce dernier
» principe mériterait examen.)

» Que *la Quotidienne* veuille bien songer
» à ces deux situations différentes. Elle invo-
» quait naguère la loi sur la liberté de la
» presse, contre les résolutions de Carlsbad ;
» voudrait-elle aujourd'hui *que le gouverne-*
» *ment eût le droit de forcer l'asyle des*
» *citoyens ?* L'usage de toute liberté est voi-
» sin de l'abus, sans doute, mais les lois sont
» précisément portées contre les abus. »

Il est superflu de relever les erreurs de fait contenues dans cet article : l'instruction et les débats les ont assez réfutées. Assurément, MM. Simon et Gévaudan, l'un, militaire distingué, l'autre, un des plus riches propriétaires de la capitale, ont dû sourire en se voyant ainsi, d'un trait de plume, déposséder *officiellement* de leur domicile ; en apprenant qu'ils *n'étaient pas les maîtres chez eux*, et qu'ils n'étaient reçus dans leurs salons qu'à des conditions indépendantes de leur volonté. Mais aujourd'hui, que la procédure a fait justice de ces ridicules suppositions, je m'empare du principe émané de l'autorité même, qui s'est constituée notre adversaire. Vous avouez que M. Manuel a pu réunir *la même* société que MM. Gévaudan et Simon sous *sa garantie personnelle*, sous *l'inviolabilité de ses foyers domestiques* : eh bien, (je vous prends par vos propres paroles), MM. Gévaudan et Simon ont donc pu réunir *la même* société, de *la même* manière, sous leur garantie personnelle, *sous l'inviolabilité de leurs foyers domestiques* : l'autorité ne peut s'y opposer ; elle ne peut (c'est vous qui l'avez dit) *forcer l'asyle des citoyens* : une telle réunion n'a point *cette existence propre et collective*, *cette constitution particulière*, qui seule lui imprimerait le caractère d'*association*. Vous vous êtes réfutés vous-mêmes, à moins que vous n'ayez une doctrine pour répondre aux ultra-royalistes, et une doctrine opposée pour accuser les amis de la liberté constitutionnelle.

Voulez-vous connaître les véritables caractères d'une association politique? J'ai, messieurs, à cet égard, des pièces de comparaison à vous présenter, cet exemple vous peindra mieux ma pensée que tous les raisonnemens possibles.

On sait qu'il a existé une association *monarchique* dite *des Francs-régénérés*. J'ai entre les mains des DOCUMENS AUTHENTIQUES concernant son organisation : c'est elle, ce sont les pièces ORIGINALES qui constatent ses caractères, qui vont me servir d'exemples pour vous signaler les conditions constitutives d'une véritable association politique.

J'ai indiqué, comme condition essentielle, l'existence de statuts, d'engagemens, de procès-verbaux, la formation en corps organisé et collectif. Vous retrouverez ces caractères dans la teneur des procès-verbaux de réception de cette société : j'en vais mettre le texte sous vos yeux.

« P. D. R. P.

« Ce jourd'hui, 57e. jour de la fondation » de L'ORDRE des *Francs-régénérés*, et de l'è» re vulgaire le 3 du mois de septembre 1815, » les SS. grands-prévôts soussignés, réunis en » nombre déterminés *par les statuts* (voilà » des statuts), se sont *constitués* en chapitre » de la commanderie de l'Ile-de-France, le » Sr. grand-prevôt de Rhodes remplissant à » cet effet *les fonctions* de commandeur, le » Sr. grand-prevôt de la Thébaïde, celles de » secrétaire-général; le Sr grand-prevôt d'An» tioche, celles de rapporteur (voilà des fonc» tionnaires);

» Ont reçu au grade de disciple et de cheva» lier, M.... (il est inutile de citer les noms), » colonel au service de S. M. le Roi de France » et de Navarre, Chevalier de l'Ordre Royal » du Mérite militaire; lequel, après avoir sa» tisfait *aux épreuves* (voilà des épreuves, » donc des initiations), a prêté et souscrit les

» *sermens* (voilà des sermens), relatés *aux* » *statuts de l'ordre.* »

» Fait *en sanctuaire*, les jours, mois et » an que dessus. » (suivent les signatures ; celle du récipiendaire est en marge du registre.)

La teneur de ce serment confirme ces premières indications.

« Au nom et en présence de la très-sainte » trinité, je jure fidélité à Dieu, dont je ferai » respecter les autels, au Roi, que je défendrai » jusqu'à la mort, à la patrie, dont les inté- » rêts seront désormais les miens, *à l'ordre* » *des Francs-régénérés, dont j'étendrai* L'EM- » PIRE autant qu'il dépendra de moi, *et dont* » *je ne révélerai jamais les* MYSTÈRES (des » mystères ?) à qui que ce soit, ni par quel- » que moyen que ce puisse être.

» En cas d'infraction, je me résigne à être » *ignominieusement dégradé* (des lois, un » Code pénal), comme *chevalier* felon, à me » voir livré à toutes les VENGEANCES (des ven- » geances !) que l'*ordre* réserve au parjure et à » la trahison.

« Fait *au chapitre* de l'Ile-de-France, le 3

» novembe 1815. » (Suit la signature originale).

J'ai parlé de *chefs*, *directeurs et administrateurs ;* j'en retrouve l'existence dans la pièce dont je vais vous donner lecture.

« La *commission centrale d'exécution* ENJOINT à M..... (je passe le nom) de régler » demain l'état de la caisse avec M..... et de *se* » *faire remettre* par lui *toutes les sommes* » qui sont dans la *caisse*, après lui en avoir » donné bonne et valable décharge. »

« Ce 9 février 1816, neuf heures du soir. »

« Les membres de *la commission d'exé-* » *cution.* »

(Suivent les signatures originales.)

(A en juger par les bons que j'ai entre les mains, les fonds de l'association devaient être très-considérables.)

J'ai parlé encore de *signes de ralliement :* je me bornerai à en indiquer un seul, dont l'existence résulte également d'une pièce originale.

« Bon pour *une carte d'entrée*, à remettre » à M... chevalier, sur *la représentation de son* » *serment*, et sous *la rétribution* de 13 f. 25 c.

» Paris, le 3 février, 1816. » (Suit la signature du caissier.)

Les circonstances qui ressortent de ces pièces (dont je n'ai lu qu'une faible partie) caractérisent sans doute une véritable association politique. Je vois un corps collectif et organisé, qui s'intitule du nom d'*ordre*, dont les membres prennent le titre de *chevalier* : je vois des statuts, une hiérarchie de fonctions, une commission d'éxécution, des fonds, un caissier, des mandats, des sermens, des épreuves, des engagemens : j'entrevois même des *mystères* et des *vengeances*. Quoi de semblable dans les réunions que l'on vous signale aujourd'hui ; et par quelle singularité ces dernières sont-elles seules en butte à la sévérité du ministère public ?

La société *des Francs-régénérés* n'est pas la seule qui puisse nous offrir des points de comparaison. Je suis porteur du réglement d'une affiliation de même nature, et dont les dispositions pourraient devenir l'objet de réflexions sérieuses : j'en rapporterai quelques fragmens.

Dispositions générales.

« On recevra dans l'affiliation tout Français,

» indistinctement, à l'exception des fédérés, » des officiers qui ont suivi Buonaparte dans » cette dernière circonstance, et des Français » qui ont signé l'acte additionnel aux consti- » tutions. »

« Tous les affiliés *qui sauront écrire* signeront » au bas du *pacte* d'affiliation, dans une co- » lonne en émargement à leur rang d'ad- » mission. »

« Tout individu appelé pour faire partie de « cette affiliation et qui s'y refuserait, serait « considéré comme un ennemi du Roi. Il serait « dénoncé comme tel à *toutes les affiliations « du royaume.* » (On voit que les ramifications ont quelque étendue.)

« Tout affilié qui trahirait le *pacte*, soit « par une infidélité évidente, soit par in- « discrétion, même par légèreté, *serait con- « sidéré comme traître à l'honneur, au Roi « et à la patrie*, ET UNE PLAINTE CONTRE LUI « SERAIT PORTÉE AU PIED DU TRÔNE, AU NOM « DE TOUS LES AFFILIÉS. »

« Le *serment* que les affiliés prêteront au *pacte « royal*, qui leur sera lu, sera conçu en ces ter- « mes : *Je jure fidélité au Roi et à ses succes-*

« *seurs légitimes : je jure de ne jamais tra-*
« *hir le* PACTE ROYAL ; *mais au contraire, d'en*
« *remplir pour ma personne toutes les dis-*
« *positions. Que Dieu me soit en aide pour*
« *ce faire.*

« Le serment sera prêté à genoux, sur les « saints Évangiles, qui seront présentés à l'af- « filié par un prêtre affiié. »

Voici maintenant les signes de ralliement et les obligations. « Après la réception d'un affi- « lié, la prestation de son serment, *et l'enre-* « *gistrement de son numéro d'ordre*, il lui « sera délivré *une petite carte* portant le nu- « méro de la division, la lettre du département, « et le numéro d'ordre. *Tous les affiliés au* « *pacte doivent former un faisceau de pen-* « *sées* ET D'ACTIONS. Chacun d'eux est dans l'o- « *bligation* de faire connaître aux *autorités* du « pacte tous les projets, actions et mouve- « mens qui seraient contraires au *but* que l'af- « filiation se propose.... »

Le paragraphe suivant est curieux. « Lors- « que les ennemis du Roi, lorsque les hommes « qui se parent d'un faux zèle pour son service, « auront cessé de conserver une influence dans « la distribution des pouvoirs, *et c'est là un des*

» *objets de l'affiliation*, les bons Français, » ceux qui auront contribué avec évidence au » succès de la sainte cause, et qui, par leur » position, seront dans le cas *de désirer d'oc* » *cuper des places* administratives ou mili- » taires, seront appuyés dans leur demande » par les *chefs* de l'affiliation. »

Pouvoirs et Désignations.

« Il y aura dans chaque département un » *commandant* qui sera nommé par le *com-* » *missaire extraordinaire*, un caissier nom- » mé par le *commissaire extraordinaire*. (même chose pour chaque arrondissement; dans les cantons, un commandant et point de caissier.)...... »

Organisation militaire.

« L'admission d'une *partie de la popula-* » *tion* serait de peu d'effet pour *la cause*, si » elle n'était *organisée* d'une manière précise, » *régulière*, et propre à présenter sur-le-champ » *des moyens de défense ou* D'ATTAQUE. Il » convient donc d'établir à cet égard un en- » semble qui présente à la fois *un personnel*

« et *un armement* sur lesquels on puisse « compter. »

« Les affiliés seront répartis en *compagnies* « et en *bataillons*. Les compagnies seront « fortes de soixante-dix hommes, y compris « trois officiers, six sous-officiers, huit capo- « raux et un tambour.

« Les bataillons seront de huit compagnies. « Chaque arrondissement formera un *bataillon* « *d'élite*. On aura soin de ne placer dans le « bataillon d'élite *que des hommes aptes au* « *service*. On n'hésitera pas d'y placer des « soldats de l'ancienne armée, *mais dont on* « *sera sûr*. »...... Il est inutile d'aller plus loin.

Voilà, messieurs, à quels caractères se re- connaissent des associations politiques. Ici, tout se rencontre : existence collective, but déterminé, engagement consacré par la foi du serment, action commune, chefs, statuts organisateurs, signes de ralliement, registres, correspondance, affiliations..... Voilà le corps organisé, l'être moral. (Et cependant ces as- sociations, qui se présentaient sur un aspect alarmant et vraiment hostile, n'ont donné lieu à aucunes poursuites.) Mais des réunions pai- sibles, au sein d'un salon, chez un maître de maison toujours investi du droit d'y maintenir l'ordre et la décence; des réunions sans chefs, sans local certain et commun, sans périodicité, sans organisation réglementaire; des réunions dont les conversations fugitives ne laissent point de traces après elles; des réunions isolées, sans correspondances, sans relations au dehors, est-ce là *l'être collectif et moral, organisé, constitué, jouissant d'une vie commune, d'une volonté commune, marchant par une action commune vers un but commun, ayant son* MOI *particulier?* le soutenir serait nier l'évidence.

Concevez en effet un être sans mouvement, sans repos, sans organisation vitale, sans mémoire et sans continuité d'existence : voilà, et la comparaison est exacte, l'association dont on s'efforce de vous démontrer la réalité. Sans mouvement : point de chefs. Sans repos : point de local fixe et indépendant. Sans organisation vitale : point de statuts. Sans mémoire : point de procès-verbaux, de registres, d'archives.... Voilà l'*être moral* que l'on vous signale; voilà le monstre dont on vous épouvante.

On a demandé pourquoi MM. Gévaudan et Simon n'avaient point *régularisé* leurs réu-

nions en sollicitant l'autorisation du Gouvernement. La raison en est simple : c'est que les personnes qui se rendaient chez eux ne formaient point, ne voulaient point former une association. Toutes venaient avec plaisir à des réunions libres; nulle n'eût consenti à s'engager dans les liens d'une association réglée. On s'est rendu dans le salon d'un ami ; on a conféré sur des questions politiques et législatives ; mais jamais on n'a entendu s'organiser, faire corps ; toute idée qui pouvait conduire à ce résultat a été repoussée à l'instant même. Solliciter l'autorisation, c'eût été se reconnaître, se constituer association. Demander pourquoi on ne s'est point fait autoriser, c'est demander pourquoi on ne s'est point associé : c'est une pétition de principes.

On a parlé de présidens, de commissions, de candidats.

Nuls témoins n'en déposent.

Et quand ils déposeraient du mot, il faudrait encore examiner si ce mot représente exactement la chose.

M. l'avocat du Roi le sentait bien lui-même, lorsqu'il disait à l'un des témoins : *Indiquez-moi dans la langue française un autre mot que celui de* COMMISSION, *pour exprimer la prière faite à quelques personnes de la réunion, de s'occuper spécialement d'un objet, pour rendre la discussion plus substantielle à l'une des réunions suivantes.* Cette remarque ingénieuse fait le procès à l'accusation : elle prouve que l'indigence de la langue oblige souvent à détourner un mot de son acception naturelle, et qu'une partie du langage usuel se trouve ainsi fondée sur des analogies, sur des abus de termes. Je rends grâce à M. l'avocat du Roi, d'avoir bien voulu me fournir ce nouvel argument pour ma défense.

Le maître de la maison se charge, ou charge un ami de maintenir quelqu'ordre dans une réunion nombreuse où l'on s'entretient de sujets intéressans, d'où l'on désire remporter quelques lumières : vous appelez cela un *président* : soit. Je ne disputerai point sur le mot. Mais ce *président*, comme il vous plaît de le nommer, est-il élu par l'association, ou appelé par la force d'un réglement ? exerce-t-il une autorité ? remplit-il une fonction permanente ? non. Ce n'est donc point le *président* d'un corps délibératif, d'une association ; c'est le maître du lieu, maintenant le bon ordre dans son salon. Donnez-lui maintenant le nom que vous voudrez ; le nom ne changera rien à la chose.

Quelques personnes sont invitées à méditer sur une question difficile, ou à vérifier un point de législation, pour éclaircir un point controversé : vous voulez que ce soit là une *commission* : j'y consens. Mais y a-t-il nomination régulière, scrutin, mandat, tout ce qui constitue une *commission* dans un corps délibérant, dans une association ? non. Le mot *commission* n'exprime donc pas ici l'idée que vous y attachez.

Avant d'amener un nouveau venu dans la réunion, la personne qui veut le présenter sollicite, comme il est d'usage, et même de convenance, l'agrément du maître du logis et l'assentiment des personnes qui composent la réunion. Voilà, dites-vous, une présentation de *candidat*. Je le veux bien encore. Mais ce *candidat* est-il soumis à des épreuves ? exige-t-on de lui un serment ou du moins un engagement ? y a-t-il, en un mot, *initiation ?* non ; vous êtes forcé de l'avouer. Qu'importe donc ces termes de *candidat*, de *présentation*, d'*admission*, dès qu'ils n'expriment, d'après vous-même, que l'*introduction* dans un cercle, et non l'*initiation* dans une *association?*

C'est ainsi qu'abusant toujours des mots, on parvient à se faire un ordre d'idées tout-à-fait imaginaire. Les témoins déclarent un fait : l'accusation donne à ce fait un nom, selon sa convenance; et ensuite, attachant à ce nom une idée toute différente du fait que les témoins ont déclaré, elle conclut que les témoins ont manqué de franchise, parce qu'ils ont déposé des faits qui ne concordent point avec la dénomination que l'accusation a, de sa propre autorité, donné à ces mêmes faits. Est-ce là raisonner? est-ce là prouver?

—Mais *le Censeur européen,* mais *les Lettres normandes* parlent de *commissions*, de *présentations*, etc. — Mais les auteurs de ces écrits expliquent à l'audience le sens qu'ils attachaient à ces termes : mais leurs explications, qui seules font autorité (puisque ce ne sont point les témoignages écrits, mais le débat oral qui sert de base aux jugemens), démentent les conséquences que vous vouliez tirer de ces paroles. Et, encore une fois, où en serions-nous, s'il nous fallait prendre à la lettre ces expressions que, dans un langage stérile, la nécessité détourne de leur usage commun? Des fabricans se réunissent, nomment des *commissaires* pour défendre leurs intérêts auprès des Chambres, pendant la discussion de la loi sur les douanes: voilà donc une *association*. Des boulangers se réunissent et nomment des *commissaires* pour suivre en leur nom une réclamation contre la ville de Paris (j'ai les pièces dans les mains) : voilà donc une *association*. Des maîtres de poste se réunissent et nomment des *commissaires* pour plaider leur cause près de la puissance législative : voilà donc une *association*. S'il en est ainsi, poursuivez la modeste bazoche, qui a ses jours de réunion marqués, son président, son trésorier, son réglement, ses épreuves, ses formes d'admission : poursuivez l'innocente société qui donne des concerts au Wauxhall; là, vous trouverez (j'en sais quelque chose : je suis un des coupables) un but, celui de faire de la musique (ce but n'est sans doute ni *religieux*, ni *politique*, ni *littéraire*; mais il est *autre*; il rentre par conséquent dans les termes de la loi) : vous trouverez des jours marqués (les concerts ont lieu le premier et le troisième mardi de chaque mois), des commissaires, une caisse, un engagement commun, un réglement des chefs (ne fût-ce que le chef d'orchestre). Verrez-vous là pourtant un délit contre *la paix publique?* Prendrez-vous au sérieux ces dénominations que l'analogie a fournies à la nécessité? Verrons-nous donc porter des condamnations par *catachrèse*, et sera-ce Dumarsais à la main qu'il faudra venir plaider devant les tribunaux de police correctionnelle?

Aucun des caractères de l'*association* proprement dite ne se rencontre, je l'ai prouvé, dans les réunions de MM. Simon et Gévaudan. Sous ce premier rapport, la loi citée est inapplicable. Maintenant, j'admets, par hypothèse, l'existence d'une association. Pour donner lieu à l'application de la loi, il faudrait que cette association fût *illicite*, et pour qu'elle fût illicite, il faudrait, c'est l'art. 291 qui l'exige, qu'elle *eût pour but de se réunir* TOUS LES JOURS *ou* A CERTAINS JOURS MARQUÉS. Et qu'on ne nous dise pas qu'ici nous jouons sur les termes de la loi. Nous en aurions le droit sans doute, car, en matière pénale, c'est au législateur à dire nettement ce qu'il veut, à ne point nous tendre de piéges par le vague ou l'équivoque de ses expressions; les termes précis de la loi sont la mesure de l'obligation qu'il nous impose : nous en aurions le droit, car les lois restrictives de la liberté naturelle sont vues avec peu de faveur et ne peuvent jamais recevoir d'extension. Mais il n'en est point ainsi : le législateur a voulu frapper les associations religieuses; il a désigné, sous ce nom de *certains jours marqués*, les jours consacrés au culte : d'ailleurs, et je le démontrerai, une association n'a de consistance, ne peut subsister, qu'autant que les jours de ses réunions sont *certains* et *marqués*. Ce n'est donc pas sans intention que l'auteur de la loi y a inséré ces paroles : nous n'argumentons point d'une distraction, d'un oubli, mais d'une spécification volontaire et motivée : loin d'user, dans toute leur étendue, des droits de la défense, nous entrons dans l'esprit de la loi, dont nous pourrions ne consulter que le texte.

MM. Gévaudan et Simon ont-ils reçu leur société *tous les jours?* On ne le prétend pas. L'ont-ils reçue *à certains jours marqués?* Oui, dit le ministère public : Non, disons-nous. Ici, pour marcher plus rapidement à la question, je n'éleverai point de débat sur les faits : je les recevrai de la main de M. l'avocat du Roi. Que les jours de réunions aient été déterminés par une invitation ou par une convention, cela m'est indifférent. Que je dise aux personnes de ma société, *venez chez moi tel jour*, ou que, les rencontrant dans une autre maison, je leur dise, *quel jour voulez-vous venir chez moi?* c'est toujours de ma part une invitation, un fait volontaire, subordonné à ma convenance, un fait qui pouvait arriver ou ne pas arriver. Quoique je consente à prendre le jour de mes amis, leur choix a toujours besoin de ma sanction; ils ne peuvent s'assembler indépendamment de moi. Je m'en tiens donc à ces deux points que le ministère public est forcé de m'accorder : 1° les jours de réunions étaient déterminés *singulièrement*, et non d'une manière générale; 2° ils étaient déterminés par la convenance de MM. Simon, Gévaudan, et autres maîtres de maison, et non par un ordre fixe, régulier, indépendant de leur volonté. Je n'en veux pas davantage : dès ce moment, et sur son exposé même, l'accusation tombe; les réunions n'ont point eu lieu à *certains jours marqués*.

Pesez bien les termes de la loi. L'art. 291 ne dit pas seulement *à des jours marqués*, mais *à certains jours marqués*. Ainsi, ce n'est pas assez que les jours soient *marqués*, il faut encore qu'ils soient *certains*, c'est-à-dire, qu'ils reviennent, sinon périodiquement, du moins d'une manière fixe, constante, invariable, indépendante du fait de l'homme. Autrement, pourquoi ce redoublement d'épithètes dans la loi, qui ne doit point renfermer de paroles superflues? *Certains jours marqués*, ne sont-ce pas, je le demande à tout homme de bonne foi, des jours qui ont de la *certitude*, qu'on est sûr de retrouver dans tous les temps, des jours convenus à l'avance une fois pour toutes, comme *le dimanche de chaque semaine*, *comme les 5, 15 et 25 de chaque mois ? certains jours marqués*, sont-ce des jours déterminés singulièrement, successivement, arbitrairement, sans *certitude*, même de fait, à plus forte raison de droit ?

Je ne me ferai point scrupule d'emprunter aux journaux des argumens utiles à ma cause : Il s'agit ici de la vérité, non d'un vain amour-propre d'orateur. Voici donc les réflexions pleines de justesse que je lis dans un numéro de *l'Indépendant.*

« Supposons que quelque agent de police « dise à plusieurs personnes : si vous n'êtes « pas plus de vingt, vous pourrez vous réunir « toutes les fois qu'il vous plaira : si vous êtes « plus de vingt, et que vous vouliez vous réu- « nir tous les jours, ou à certains jours mar- « qués, vous ne pourrez le faire sans mon « agrément.

« Il est évident que ces personnes com- « menceront par croire qu'en outre de cer- « tains jours marqués, il y a encore une autre « espèce de jours; que cette autre espèce de « jours peut être désignée sous le nom de jours « incertains et variables, et qu'en conséquence « elles peuvent se réunir, sans demander l'a- « grément de personne, pourvu qu'elles ne se « réunissent point tous les jours ou à certains « jours marqués. Supposons maintenant que « l'agent de police vienne à leur dire : Vous « n'y êtes pas; par certains jours marqués, « j'entends tout à la fois des jours certains et « des jours incertains, des jours variables et « des jours invariables, des jours fixes et des « jours mobiles, en un mot, des jours quel-

« conques, convenus d'une manière quel-
« conque, c'est-à-dire toute espèce de jours.
« Ainsi quand je vous ai dit que si vous vouliez
« vous réunir tous les jours, ou à certains jours
« marqués, vous ne pouviez le faire sans mon
« agrément, j'ai voulu dire que vous ne pou-
« viez vous réunir sans mon agrément, ni tous
« les jours, ni à jours quelconques, ce qui
« veut dire *jamais*. Il est vrai que j'aurais pu
« vous dire tout simplement : si vous êtes
« plus de vingt, vous ne pourrez jamais vous
« réunir sans mon agrément ; mais j'ai voulu
« vous tromper, et pour y parvenir, je suis
« entré dans une spécification de jours qui
« est le synonyme de jamais. C'est précisément
« comme si je vous avais dit : vous pourrez,
« sans mon agrément, vous réunir aux calen-
« des grecques. A ces mots l'indignation serait
« générale, et il n'y aurait qu'un cri contre
« une pareille déception.

« Eh bien, ce langage dérisoire, qui serait
« intolérable même dans la bouche d'un agent
« de police, est justement celui qu'on voudrait
« prêter au législateur. »

. . . .

« N'est-il pas évident que si, par *certains*
» *jours marqués*, on entend des jours quelconques, convenus d'une manière quelconque,
» la spécification *tous les jours ou à certains*
» *jours marqués*, devient entièrement inutile
» et dérisoire, puisqu'il ne resterait plus aucune
» espèce de jours qui ne fût comprise dans cette
» spécification, et que la prohibition circonstanciée de la loi se réduirait à cette simple
» prohibition : nulle association de plus de vingt
» personnes dont le but, etc..., ne pourra se
» former sans l'agrément du Gouvernement. »

La loi d'ailleurs ne demande pas seulement que les réunions aient lieu à *certains jours marqués*, elle veut que l'association AIT POUR BUT *de se réunir à certains jours marqués*. Mais comment appliquer ces termes à des réunions sur invitation, sur avertissement, sur convention, n'importe ? comment dire à des individus rassemblés le *vendredi* dans un salon : vous projetez de vous réunir de nouveau *mardi* prochain : donc votre *but* est de vous réunir à *certains jours marqués*. Qui ne voit que ce but sera manqué, si, à chaque réunion, il faut convenir, et du fait, et du jour, et du lieu de la réunion suivante ? si, à chaque réunion, la société, au lieu de retomber sur un jour et sur un lieu fixe, est exposée à se dissoudre, faute d'une invitation ou d'une convention ?

Certains jours marqués, ce sont, je le dis encore, des jours connus à l'avance, et que chacun peut retrouver à l'occasion sans indication spéciale. Je sais que la société dont je fais partie se rassemble tous les mardis, par exemple, ou le 15 de chaque mois : arrivant le mardi ou le 15 du mois, je me dis : Voilà le jour de la réunion. Je n'ai pas besoin d'être prévenu qu'elle aura lieu ; son retour est réglé d'avance : j'ai manqué deux ou trois assemblées, j'ignore quelles conventions on y a faites, quels arrangemens on y a pris : n'importe : le jour de la réunion est un *certain jour marqué* que je suis toujours assuré de reconnaître : je sors, et je me rends à l'assemblée. En est-il de même d'un jour convenu ? puis-je y retomber avec cette certitude ? si, dans la réunion d'aujourd'hui, on oublie, ou l'on ne juge pas à propos de fixer le jour et le lieu de la réunion suivante, où se retrouvera-t-on ? l'association sera dissoute par le fait. — Quelqu'un des membres pourra, me direz-vous, la renouer par une invitation. — D'accord : mais s'il faut une invitation pour se réunir, le *but* de l'association n'est donc plus de se réunir à *certains jours marqués*, car je ne connais rien de plus contradictoire que le *but* de se réunir *à certains jours marqués*, et la nécessité d'une invitation pour opérer la réunion.

On m'a fait une objection à laquelle j'étais loin de m'attendre. « Une fois la convention faite ou l'invitation donnée, le jour est « marqué, puisque dès-lors, il est connu à « l'avance. » Fort bien : mais avec ce beau raisonnement, trouvez-moi au monde une réunion, quelle qu'elle soit, qui ne soit point justiciable de la police correctionnelle. Car encore faut-il bien qu'une invitation précède la réunion. Je vous prie à dîner pour mardi; il serait assez singulier que je vous envoyasse l'invitation le mercredi. Eh bien, si j'ai le malheur de vous l'envoyer le lundi, il faut que je paie l'amende, car la réunion est à jour marqué; elle a un objet, religieux, littéraire, politique, *ou autre* : ainsi, point de bal, point de dîner, qui ne soit *illicite*, qui ne porte atteinte *à la paix publique*, et qui n'expose le maître du logis à 200 fr. d'amende! voilà où conduit votre interprétation.

Mais ce sophisme même n'est pas possible, car, encore une fois, la loi ne dit pas : *à jours marqués*, elle dit : *à certains jours marqués*. Or, ces termes excluent invinciblement l'idée d'une invitation, d'un avertissement, d'une convention, ou de tout autre mode arbitraire qu'on voudra imaginer. Ils supposent un ordre arrêté, un retour réglé, constant, assuré, fondé sur la seule nature des choses, et non un retour éventuel, fondé sur une détermination spéciale et accidentelle, sur un fait de l'homme, sur une manifestation de volonté.

Vous me dites que par là, j'élude la loi. Eh bien, j'accepte pour un moment ce reproche. — Vous éludez la loi. — Soit; je l'élude. En prononçant ce mot, vous avez prononcé mon absolution. Si j'élude la loi, la loi ne peut m'atteindre. L'éluder, c'est échapper à ses termes, et hors ses termes, je ne connais point la loi pénale. Je l'élude, parce qu'elle est restrictive de la liberté naturelle; je l'élude, parce qu'elle est contradictoire avec nos institutions nouvelles; je l'élude, et dès-lors je décline se rigueur.

Mais non, reprendrai-je maintenant, je

n'élude point la loi. La loi a voulu dissoudre des associations religieuses ; elle n'a point été faite pour moi : la loi a voulu réprimer des associations qui trouvaient dans le retour réglé et constant de leurs réunions un moyen de consistance, un gage de perpétuité qui les rendait plus puissantes et plus redoutables ; elle n'a point été faite pour moi.

J'irai plus loin. On m'a opposé le texte des lois ; j'ai prouvé qu'il était inapplicable : on m'oppose leur esprit, et moi, j'invoque à mon tour l'esprit de la loi : non d'une loi secondaire, révocable, précaire ; mais de cette loi toute-puissante, inviolable, immortelle, qui domine la législation entière et entraîne dans sa sphère d'activité toutes les lois inférieures. Si l'on parle de l'esprit de la loi, j'interroge l'esprit de la charte qui gouverne la législation privée ; de la charte, qui, selon l'heureuse expression d'un noble pair, est *la loi de la loi.* Ici, je ne discute point une cause individuelle ; j'examine une question générale. Il ne s'agit plus, dans ce que je vais dire, de MM. Gévaudan, et Simon, de quelques amis de la liberté, qui ne composent point une association, qui ne se réunissent point à certains jours marqués : ils s'agit de l'usage d'un droit, du droit de s'assembler, pris abstractivement et dans toute sa latitude : il s'agit de décider si ce droit n'est point une conséquence nécessaire de la liberté constitutionnelle, si même il n'est point un élément indispensable du système représentatif.

Le principe de toute constitution fondée sur la liberté est d'accorder aux citoyens l'usage de toutes leurs facultés naturelles, à la seule condition de ne point attenter aux droits légitimes des autres citoyens, non plus qu'à l'ordre social. Une conséquence de ce principe, c'est de rejeter toutes les mesures préventives, dont l'effet serait d'interdire ou de restreindre l'usage d'une faculté quelconque, sous prétexte de l'abus qu'on en pourrait faire, et de se borner à punir cet abus lorsqu'il a eu lieu. Ainsi la censure, qui met des entraves à la manifestation de la pensée, est bannie de toute constitution libre; mais si quelqu'un, abusant de la liberté d'écrire, flétrit l'honneur d'un citoyen, provoque à des actes criminels, la loi a le bras levé pour le frapper.

La faculté de se réunir, de mettre en commun ses études ou ses pensées, ses travaux ou ses plaisirs, est un de ces droits naturels dont la puissance sociale doit réprimer l'abus, mais ne peut gêner l'usage. Peut-être n'en est-il point de plus essentiel ni de plus précieux, car l'esprit d'association est né avec l'homme : soit effet de son organisation, soit sentiment de sa faiblesse individuelle, il tend sans cesse à entrer en communication avec ses semblables. Après avoir, par des agrégations générales, composé les sociétés politiques, il forme encore, dans le sein de ces grandes communautés, une foule de sociétés particulières. Il s'associe pour l'instruction, pour le plaisir, pour la bienfaisance. Tout, dans le monde, est société, union, combinaison d'efforts, de travaux ou d'idées.

L'esprit d'association, comme toute autre faculté, peut, je le sais, avoir ses abus ou ses dangers. Ses *abus*, lorsque dans l'état s'élève une association indépendante de l'état, formant dans la république une république étrangère, corps hétérogène au sein d'un autre corps, vivant d'une vie différente, animé d'un esprit privatif, agissant, non dans la direction de l'intérêt général, mais dans celle de son intérêt particulier : ses *dangers*, lorsque, dans une réunion, se commettent ou se préparent des actes criminels. Ainsi une communauté, un corps qui aurait une organisation séparée de l'organisation de l'état, des propriétés à titre commun, une hiérarchie particulière, une législation à lui, qui communiquerait avec d'autres corps existans à l'extérieur, qui reconnaîtrait un chef étranger, qui déclinerait au tribunal de ce chef les lois de son pays, ne pourrait sans doute être toléré sans de graves inconvéniens : ainsi encore, une association qui, dans l'ombre du secret, exciterait, par exemple, à l'assassinat, préparerait la guerre civile, ou tramerait des attaques contre la constitution de l'état, appellerait également la répression la plus prompte.

J'accorde sans difficulté que l'autorité doit trouver dans la législation un secours contre de tels dangers. Mais là, s'arrête son action légitime. Qu'elle surveille, et qu'elle signale aux tribunaux les délits qui prendraient naissance dans les réunion: des citoyens, voilà son droit ; il est incontestable, il est salutaire. Que l'on porte des lois contre la clandestinité, si on le juge nécessaire : que le magistrat soit averti à l'avance : si des délits ont lieu, qu'on en poursuive les auteurs. Mais que l'autorité défende aux citoyens de se rapprocher quand bon leur semble; qu'elle sévisse contre une réunion, comme réunion, au lieu de sévir contre les actes punissables qui pourraient s'y commettre; qu'elle impose la nécessité d'une autorisation, qu'il dépend d'elle de refuser ou de retirer; qu'elle y joigne des conditions livrées à son caprice : voilà l'arbitraire, voilà le despotisme, voilà ce que repousse le régime constitutionnel.

Après avoir ainsi, d'après les véritables principes du droit public, déterminé les attributions légitimes de l'autorité dans cette matière, après avoir fait la part de l'ordre et celle de la liberté, il me reste à poser une vérité également importante, savoir : que les restrictions portées à la liberté des réunions tendraient à détruire le système représentatif institué par la charte; qu'avec ces restrictions, son existence est impossible.

Dans la constitution représentative, l'équilibre social se maintient par un balancement continuel, par l'action et la réaction du pouvoir sur l'élément populaire, et de l'élément populaire sur le pouvoir. Mais comment cet équilibre, cette réciprocité d'action pourront-ils subsister entre le pouvoir, agissant dans toute son intensité, dirigeant dans un sens uniforme ses innombrables moyens d'influence, et des individus isolés, si faibles relativement à lui? c'est dans leur concert, c'est là seulement qu'ils trouveront la force qui leur est nécessaire pour balancer un ascendant aussi redoutable, pour défendre les garanties que leur accorde la constitution, pour empêcher le pouvoir (toujours porté à s'agrandir) d'envahir à son profit ces garanties, et de faire des institutions populaires des instrumens d'oppression.

Je prends pour exemple l'opération fondamentale du régime représentatif, les élections. On sent combien leur indépendance est nécessaire. Des élections influencées par le pouvoir fausseraient la constitution, puisque la chambre élective est précisément le contrepoids du pouvoir : une chambre représentative composée au gré du pouvoir ne serait qu'un despotisme plus fort, parce que sa base serait plus large. Cependant le pouvoir, qui tend naturellement à se fortifier, cherchera toujours à influer sur les élections; et avec quelles ressources ne se présente-t-il pas au combat! Sa pensée est une; son action est centralisée; à sa voix, d'innombrables agens combinent leurs efforts. Dépositaire de la richesse publique, il peut corrompre ; directeur de la force publique, il peut intimider ; distributeur unique des grâces, des emplois, il peut séduire. De l'autre côté, je vois les citoyens épars, sans crédit, sans richesses, sans puissance : ils n'ont point de pensions à donner, point d'honneurs à répandre : que feront-ils ? iront-ils porter dans l'urne électorale leurs votes isolés ? L'autorité, qui aura distribué des instructions uniformes, qui fera marcher de concert ses nombreux bataillons, se rira de toutes les oppositions individuelles, et assurera à ses candidats une inévitable majorité. Se concerteront-ils pour concentrer leurs voix sur des candidats populaires ? pour se concerter, il faut se parler ; pour se parler, il faut se réunir, et pour se réunir, il faut l'autorisation... de qui ? du pouvoir.... ! Ainsi, des citoyens qui désirent prendre des garanties contre le pouvoir, ne peuvent s'en occuper qu'avec la permission du pouvoir ! Ainsi, voilà l'autorité arbitre dans sa propre cause, dictant les conditions de la lutte où elle s'engage ; de sorte que, s'il s'agit, par exemple, d'une réunion d'électeurs, on pourra l'autoriser, à condition qu'on ne s'y occupera point d'élections. Ne serait-ce pas là une véritable mystification?

Je pourrais multiplier ces exemples : je pourrais vous montrer les députés eux-mêmes obligés de se réunir pour s'éclairer mutuellement, et pour arrêter leurs plans de conduite; les citoyens intéressés à faire leur éducation politique, à l'exemple des Anglais, par des communications fréquentes, et par l'usage des discussions législatives : je pourrais vous parler du droit de pétition, dont l'exercice exige souvent des rapprochemens entre les particuliers placés dans un même ordre d'intérêts. Mais, pour résumer toute ma pensée en un seul mot, je dirai : prohiber les réunions des citoyens, ou les soumettre à l'autorisation du pouvoir, aux conditions qu'il lui plaira d'imposer, c'est RENDRE L'OPPOSITION IMPOSSIBLE. Et concevez-vous un gouvernement représentatif sans opposition? peut-être ne s'est-on pas assez rendu compte de cet élément social que nous nommons l'opposition : il est facile de prouver qu'il est une condition indispensable du régime représentatif.

Deux principes opposés sont incessamment en présence dans le corps social, et de leur combat, tant qu'ils sont en équilibre, résultent le jeu et l'harmonie de la machine politique. L'un est cette force centrale que les citoyens ont déposée entre les mains d'un ou de plusieurs chefs, pour servir de lien et de principe d'action à la société; c'est ce que je nomme le *pouvoir* : l'autre est cette force de résistance qui tend à défendre les intérêts privés contre les abus possibles du pouvoir; c'est ce que je nomme l'*opposition*. Le premier représente l'intérêt social; le second représente la masse des intérêts individuels. Tous deux tendent constamment à s'accroître, et cette tendance est inévitable : l'une ne croit jamais avoir assez d'énergie, l'autre assez de sécurité : mais tous deux se modèrent l'un par l'autre. Le pouvoir, s'il n'était point contenu par l'opposition, marcherait vers la tyrannie; l'opposition, si elle ne rencontrait point le pouvoir, pourrait conduire à l'anarchie. Ainsi, chacun d'eux sert à l'autre de barrière, et tant que leur force est à peu près égale, l'ordre social est conservé. Mais si le pouvoir brise les garanties, ou si l'opposition brise le pouvoir, la société est dissoute.

C'est pour mieux assurer cette pondération des deux élémens de la société, que notre constitution a introduit dans les diverses parties de l'administration publique un corps intermédiaire, un pouvoir neutre, qui, placé entre deux actions opposées, maintient la balance égale et prévient la rupture de l'équilibre. Ainsi, dans l'ordre politique, le monarque et ses ministres représentent le *pouvoir*, la chambre élective l'*opposition* ou les *garanties*, et la chambre des pairs est médiatrice entre eux. Ainsi, dans l'ordre judiciaire, le ministère public agit au nom de la force sociale, pour la répression des délits; nous parlons au nom des garanties individuelles, pour la sécurité des citoyens, et les tribunaux ou le jury décident entre nous suivant leur conscience et la loi.

L'opposition constitutionnelle n'est donc point une cause de désordres, comme l'imaginent quelques observateurs superficiels, comme l'insinuent quelques esprits serviles. Elle est, au contraire, un élément nécessaire à l'ordre. Elle représente *les garanties individuelles* : elle stipule pour les citoyens, considérés comme particuliers, de même que le pouvoir stipule pour les citoyens pris collectivement et composant l'*état*. Elle se retrouve, par la nature des choses, dans toutes les parties du corps politique : ici, dans la chambre représentative, là, dans la défense des accusés : elle y est indispensable, puisque, sans elle, il y aurait tyrannie, c'est-à-dire absence de garanties. Vouloir anéantir l'opposition, c'est donc vouloir anéantir l'ordre social.

Mais comment l'opposition pourra-t-elle exister, si l'autorité, toute-puissante contre les individus, ne trouve, dans le concours des citoyens pour la défense de leurs garanties, ce frein qui la retient sur la pente du despotisme? si l'esprit public ne lui vient offrir un contre-poids salutaire? et cet esprit public, comment se formera-t-il, ce concert comment l'obtiendrez-vous, si la faculté de se réunir est interdite, ou si vous la faites dépendre de conditions abandonnées à l'arbitrage de l'autorité? si, dès qu'une réunion contrarie le pouvoir, le pouvoir peut la dissoudre, en retirant l'autorisation? ne voyez-vous pas qu'alors l'opposition n'existe que sous le bon plaisir du pouvoir, c'est-à-dire, qu'elle n'existe pas? ne voyez-vous pas que les garanties sociales ne reposent plus sur aucune base, puisque le principe qui tend à les soutenir reste à la merci du principe qui tend à les attaquer.

Un gouvernement où l'opposition est impossible n'est donc autre chose qu'un gouvernement despotique. Or, messieurs, j'ai pensé, je l'avoue, et la France l'a pensé comme moi, que l'institution du régime constitutionnel, que la promulgation de la charte avaient exilé sans retour le despotisme et toutes ses conséquences: j'ai pensé que les précautions prises par le pouvoir absolu contre la liberté s'étaient évanouies d'elles-mêmes, du jour où la liberté a détroné le pouvoir absolu. Quoi donc! cette charte, heureux traité d'alliance entre la monarchie et les intérêts populaires, ne serait-elle qu'un brillant et vain simulacre, fait seulement pour orner d'une décoration stérile le recueil de nos lois? Eh! que nous servirait que la liberté sociale eût été proclamée dans notre constitution fondamentale, s'il nous fallait retrouver partout le despotisme dans le système de nos lois secondaires? si les institutions de l'empire devenaient le code de la monarchie représentative? si, dans le combat de la loi constitutionnelle et de la loi inférieure, celle-ci devait remporter la victoire? Le despotisme fut conséquent avec lui-même : pendant quinze ans, il cimenta sa puissance avec une adresse profonde : fidèle à la maxime : *divisez pour régner*, il isola les hommes pour les écraser : que la liberté soit conséquente à son tour, et qu'elle n'espère point s'affermir avec les mesures qui fondèrent l'esclavage.

Qu'on ne nous parle donc plus de l'esprit de la loi : l'esprit de la loi, sous une constitution libérale, c'est la liberté.

J'ai posé les principes de la cause. Maintenant, je vais prouver que l'autorité elle-même a donné à ces principes un assentiment au moins tacite.

Le ministère public a jugé convenable de rappeler ces temps de triste mémoire, où des sociétés trop fameuses usurpèrent sur les affaires publiques une si redoutable influence. Ce rapprochement, entre des choses si dissemblables, entre des temps si différens, a dû peu vous toucher. On sait assez que ce n'est pas chez les amis de la liberté qu'existe aujourd'hui l'esprit révolutionnaire. Si quelques rapprochemens de ce genre pouvaient maintenant s'établir, c'est ailleurs, c'est dans d'autres rangs qu'il faudrait chercher des termes de comparaison. Depuis quelques années, des associations nombreuses ont inondé la France : j'en pourrais citer les noms, indiquer les lieux de réunions, désigner peut-être les principaux membres. Leur organisation, qui rappelle, à la publicité près, les souvenirs évoqués par le ministère public, a dû éveiller les alarmes de l'autorité : peut-être même quelques-unes d'entr'elles ont-elles dû inspirer plus que des craintes : peut-être, si j'en croyais des révélations parties de la tribune législative, des aveux recueillis par la justice, des documens publiés et non démentis, si j'interrogeais, ici le sang versé, là, des apprêts menaçans.... J'en dis assez. L'existence de ces associations n'est point problématique : la conscience publique dépose de leur dangereuse influence : si l'autorité avait cru pouvoir légalement les atteindre, elle l'eût fait, n'en doutons pas : le doute ici serait une offense. Elle ne l'a point fait ; elle a donc reconnu, par son silence, que la loi dont elle se prévaut aujourd'hui, était sans application : en ne l'invoquant pas dans une occasion aussi grave, elle a renoncé à l'invoquer jamais.

Les réunions qui, depuis trois ans (et non depuis quelques mois, comme l'énonce à tort l'accusation), ont eu lieu chez M. Gévaudan, chez le colonel Simon, chez tant d'autres citoyens honorables, ont-elles été un mystère pour l'autorité ? non-seulement elle ne les a point ignorées, mais elle y a pris part autant qu'il était en elle, en empruntant à M. le duc de Broglie les vues législatives qu'il y avait développées ; en présentant aux chambres ces vues discutées, modifiées, perfectionnées dans les réunions qu'elle attaque aujourd'hui ; elle a puisé à cette source qu'elle déclare impure ; elle a profité de ce qu'elle veut punir ; elle a, pour ainsi dire, appelé à ses conseils ces réunions maintenant *illicites* et contraires *à la paix publique.*

L'autorité ne s'est pas bornée à cette approbation tacite. Elle a fait plus : des journaux écrits sous son influence ont annoncé à tout le public qu'elle était informée de ces réunions : loin d'en contester la légalité, ils ont rendu un hommage formel à la modération qu'on y voyait régner. Lisez le *Journal de Paris* du 29 mai dernier. « Depuis quelques mois, il s'est
» formé à Paris une nombreuse réunion de
» libéraux, sous le noms d'*amis de la liberté*
» *de la presse.* Cette société compte déja,
» *assure-t-on*, plus de 300 membres, dont
» une grande partie des députés du côté gau-

» che. Les assemblées ont lieu une fois par » semaine, et toujours dans un local différent, » tantôt chez un membre, tantôt chez un » autre.

» Les réunions précédentes ont eu lieu alter- » nativement chez M. le général Lariboissière, » M. Gévaudan, etc.....

» *Nous ferons connaître à nos lecteurs ce » qui se passera d'intéressant dans cette » assemblée*, OU JUSQU'A PRÉSENT, ON NE S'EST » PAS ÉCARTÉ D'UNE SAGE MODÉRATION. »

Quoi! ces réunions sont *illicites*, vous les connaissez, vous le déclarez, et vous restez immobile! et depuis cette déclaration, cinq mois entiers s'écoulent sans la moindre démarche de votre part! et loin de là, vous vous rendez le hérault, l'écho de *ce qui s'y passe!* et vous vous exprimez sur leur compte avec éloge! et par cette inconséquence inexplicable, vous invitez une foule de citoyens honnêtes à violer la loi, à se rendre complices d'un délit, trompés qu'ils sont par votre tolérance et par votre témoignage approbateur! Non, non, rendons plus de justice à l'autorité : en consacrant ainsi l'existence de ces réunions, elle n'était point inconséquente avec elle-même; elle reconnaissait les principes que nous venons de professer à cette audience ; elle y rendait hommage par sa conduite; elle condamnait d'avance les poursuites qu'elle intente aujourdhui.

En ce moment encore, l'autorité ne laisse-t-elle pas en paix une foule de citoyens coupables du même *délit* que MM. Gévaudan et Simon ? De pareilles réunions ont eu lieu chez M. le duc de Broglie, et M. le duc de Broglie n'est point poursuivi; chez M. le baron de Staël, et M. le baron de Staël n'est point poursuivi; chez M. le comte de la Riboissière, et M. le comte de la Riboissière n'est point poursuivi; et pourtant la plupart de ces personnes ont revendiqué une solidarité dont elles s'honorent. D'où vient cette préférence accordée à MM. Gévaudan et Simon? Comment, devant la justice, qui n'a qu'un poids et qu'une mesure, des hommes placés sous l'application du même principe, paraissent-ils, les uns comme prévenus, les autres comme témoins ?

Si la loi dont s'autorise l'accusation a été dictée par des motifs étrangers à la nature de la cause ; si, d'après l'exposé même de la partie publique, il n'a point existé d'association proprement dite ; si, d'ailleurs, les réunions n'ont point eu lieu *à certains jours marqués;* si la disposition *préventive* de l'art 291 est en opposition avec le régime constitutionnel, qui ne reconnaît que des mesures répressives; si la liberté des réunions est inséparable du gouvernement représentatif, qui ne peut subsister sans opposition; si enfin toute la conduite de l'autorité renferme implicitement l'aveu de ces principes, que prétend donc l'accusation? Jusqu'ici, vous le voyez, j'ai raisonné dans son propre système; je l'ai suivie sur le terrain qu'elle avait choisi, et j'ai encore victorieusement repoussé ses attaques. Maintenant, je ressaisis ma défense tout entière; je reprends tous mes avantages, et je dis à l'accusation : où sont vos preuves? où sont vos témoins? Par respect pour ma cause et pour l'honneur des principes, j'ai accepté les faits tels que vous les aviez posés; j'a prouvé que ces faits mêmes ne rentraient pas dans le domaine de la loi pénale; je vous a battue sur vos propres hypothèses : mais à présent, ces hypothèses, comment les justifiez-vous? Vous, dont la charge est de tout prouver, quels élémens de conviction nous présentez-vous? vous, qui nous déclarez la guerre, où sont vos armes? Quatre-vingts té-

moins ont comparu à cette audience, les uns appelés par nous, les autres par vous-même : en est-il un seul qui dépose de l'existence d'une *association?* En est-il un seul qui ne déclare le contraire ? Que vous reste-t-il, quand cet appui indispensable vous manque, quand vous êtes réduite, non-seulement à démentir nos témoins, mais à récuser les vôtres ? Quand les témoignages que vous invoquiez vous échappent, quand vous-même leur refusez foi, quand vous-même les voulez écarter ?

En résultat, messieurs, que vient vous proposer l'accusation ? de créer une preuve qui n'existe pas, de la croire sur parole, d'imaginer les faits tels qu'il lui plaît de vous les représenter, de démentir en sa faveur, non-seulement soixante citoyens honorables appelés à la décharge de MM. Gévaudan et Simon, mais ses propres témoins ; et après avoir ainsi créé la preuve, de créer encore une loi pour punir ces faits imaginaires. Car, messieurs, ne vous y trompez pas : on ne vous propose point ici d'appliquer la loi, mais de la faire. La faire ! et que devient la division des pouvoirs ? A-t-on oublié que, pour le magistrat, faire la loi, c'est violer la loi ? On veut que vous abjuriez le titre

de juges pour usurper celui de législateurs. On vous demande de déclarer que des réunions sans chefs, sans statuts, sans procès-verbaux, sans registres, sans engagement de la part de leurs membres, constituent une association politique; que des réunions sans retour fixe, des réunions éventuelles, subordonnées à la volonté de l'homme, ont eu lieu *à certains jours marqués*. On vous demande d'ajouter arbitrairement à la rigueur d'une prohibition déjà trop rigoureuse, portée en d'autres temps, dans d'autres circonstances, par un autre gouvernement, sous un système opposé à celui qui nous régit aujourd'hui; d'une prohibition dont le despotisme lui-même se vit forcé de modérer la rigueur, loin de l'aggraver encore; de faire violence au texte du Code pénal, pour punir un fait innocent aux yeux de la morale, innocent aux yeux de la loi, un fait que l'autorité a connu dès long-temps, qu'elle a tacitement, je dis plus, qu'elle a expressément approuvé, auquel elle s'est, en quelque sorte, associée, un fait enfin dont la répression ne serait pas seulement une atteinte aux droits consacrés par la charte, mais une attaque directe contre les principes et la forme de notre constitution représentative. Non, ce n'est pas ici, ce n'est pas dans le sanctuaire des lois, que cette charte, principe de toute législation, limite de tous les pouvoirs, peut craindre des outrages. Elle trouvera dans vos cœurs, comme dans le cœur de tous les Français, un respect religieux, un dévouement sincère. Puisse ce glorieux monument des lumières du siècle et du monarque se conserver à jamais inaltérable. Puisse-t-il, appuyé sur son inviolabilité, trompant de sinistres augures, traverser les âges, et resserrer de jour en jour l'alliance de la nation et du trône, du pouvoir et de la liberté.

www.ingramcontent.com/pod-product-compliance
Ingram Content Group UK Ltd.
Pitfield, Milton Keynes, MK11 3LW, UK
UKHW021057200726
13857UKWH00003B/981

9 782012 952737